I0165800

L'ALGÉRIE

EN 1838,

PAR A. DESJOBERT,

DÉPUTÉ DE LA SEINE-INFÉRIEURE.

A PARIS,

A LA LIBRAIRIE DE P. DUFART,

RUE DES SAINTS-PÈRES, N° 1.

1838.

L'ALGÉRIE

EN 1838.

DE L'IMPRIMERIE DE CRAPELET,
RUE DE VAUGIRARD, N° 9.

L'ALGÉRIE

EN 1838,

PAR A. DESJOBERT,

DÉPUTÉ DE LA SEINE-INFÉRIEURE.

A PARIS,

A LA LIBRAIRIE DE P. DUFART,

RUE DES SAINTS-PÈRES, N° 1.

1838.

CHAPITRE PREMIER.

EXPOSITION.

SOMMAIRE.

Généralité de la question d'Afrique. — Le Gouvernement a trompé le pays. — Le Ministère n'a pas de système. — Systèmes à examiner.

L'ALGÉRIE

EN 1838.

CHAPITRE PREMIER.

EXPOSITION.

Généralité de la question d'Afrique.

Dans un ouvrage publié l'an passé [1], nous avons dévoilé les moyens mis en œuvre pour égarer l'opinion sur la question d'Afrique; nous avons rappelé des exemples analogues d'erreurs de l'opinion publique.

Nous avons fait l'historique de l'occupation française depuis 1830, et nous avons prédit les malheurs et les déceptions qui chaque jour se réalisent pour nous sur cette terre funeste.

Nous avons établi que, sous le rapport politique et militaire, du commerce et de la navigation, sous le rapport moral et de considération nationale, le pays compromettait gravement

[1] *La Question d'Alger*, 1 vol. in-8, chez P. Dufart.

ses intérêts, sa sécurité, et, plus que tout, son honneur.

Nous avons principalement combattu les idées de colonisation, idées nées du plus complet oubli des faits qui ont couvert le globe; ces faits, nous les avons rappelés, et ils prouvent que la France ne peut tenter en Afrique, qui repousse toute colonisation, ce qui, autre part, n'a réussi que par exception et dans des circonstances favorables. L'ignorance et la cupidité seules peuvent confondre ensemble, pour appuyer l'idée fixe de colonisation, des états sociaux ou politiques qui n'ont aucun rapport avec la chimère caressée par les colonistes.

Ces faits prouvent que nous ne pouvons coloniser à la façon des Grecs et des Romains; — qu'il est impossible d'introduire à Alger le mode de gouvernement des Anglais dans l'Inde; — qu'Alger ne possède aucun des élémens de colonisation qui font la prospérité des États-Unis d'Amérique; — qu'on ne peut établir, ni sous le rapport du sol, ni sous celui des habitans, aucune comparaison entre Alger et l'Égypte; — que les colonies pénales sont aujourd'hui condamnées comme moyen pénitentiaire; — et qu'enfin le régime colonial ne peut être introduit en Afrique au moment où il croule de toutes parts, aux acclamations unanimes des colonies et des métropoles.

A la place des déterminations incohérentes, et jusqu'à présent funestes, que la France prend au hasard lorsqu'elle vient à s'occuper de l'Afrique, nous avons proposé un système plein d'avenir sous le rapport politique et humanitaire, le seul qui concilie l'honneur et l'intérêt de la France, *le système arabe*.

Le gouvernement a trompé le pays.

Depuis cinq ans, nous avons constamment reproché au Gouvernement de tromper le pays au sujet des affaires d'Afrique; et les divers ministères qui se succédaient venaient protester de leur loyauté. Nous ne nous attendions pas à trouver comme auxiliaire dans cette accusation un Ministre qui, depuis 1830, avait à peine quitté les affaires; nous lui témoignons notre reconnaissance de ce qu'il a profité du premier loisir que lui laissa le pouvoir pour faire avec loyauté un aveu pénible. M. Thiers disait à la Chambre des Députés, en 1837 : « La vérité n'était pas facile à faire entendre; eh bien, *aujourd'hui* je me suis imposé le devoir de dire toute la vérité[1].... En montant à la tribune, j'ai eu l'intention de bien avertir la Chambre de la gravité de cette entreprise, de bien l'avertir de l'ignorance dans laquelle elle avait vécu d'une partie de la vérité[2]. » M. Bresson, intendant civil d'Alger, ajoutait :

[1] *Moniteur* du 22 avril 1837.

[2] *Ibid.*

« Jamais les cabinets n'ont osé avouer à la Chambre tous les sacrifices qui étaient à faire, et cela, parce qu'ils ne l'ont pas trouvé bien encourageant[1]. »

Le ministère n'a pas de système.

Piqué de tant de candeur, et amené, pour ainsi dire, devant le palais de la vérité, le ministère actuel avait promis de nous en ouvrir les portes. Le discours de la Couronne, à l'ouverture de la session de 1838, en renouvelant ces promesses, avait ranimé nos espérances; tout le monde était dans l'attente : les amis de la vérité espéraient en elle pour confondre les mystificateurs d'outre-mer; les exploitateurs du mensonge tremblaient que leur proie ne vînt à leur échapper; mais ceux-ci furent bientôt rassurés par les œuvres ministérielles. Elles sont au nombre de trois :

1°. *Budget* 1839. Demande d'un effectif de trente-huit mille hommes, et d'une dépense de 31,548,573 fr.

2°. *Crédits extraordinaires* 1838. Ils porteront la dépense de cet exercice à 39,317,907 fr.

Nous ne comprenons pas dans ces chiffres les dépenses pour travaux extraordinaires, les dépenses de la marine, et la valeur des objets fournis par les arsenaux; nous voulons seulement faire remarquer que le ministère se maintient dans la voie suivie jusqu'à présent, c'est-à-dire qu'il présente pour l'année courante un budget

[1] *Moniteur* du 22 avril 1837.

plus fort que pour l'année prochaine, et promet pour l'année prochaine une diminution sur l'année courante. Cela se conçoit : Rarement un ministère se croit appelé à vivre l'espace d'une année; peu lui importe alors de faire des promesses qu'il ne sera pas chargé d'exécuter. Vient son successeur, que l'on ne rend pas responsable des actes du devancier, et de nouveaux crédits sont votés; c'est ainsi que, d'augmentations en augmentations, nous sommes arrivés à une dépense d'environ 50 millions, ainsi que nous l'établirons plus tard.

3°. La troisième production ministérielle consiste dans le *Tableau de la position des établissemens français dans l'Algérie*. Ce travail est fait avec une adresse que ne désavouerait pas un vieux Carthaginois, s'il en existait encore; certains calculs sentent quelque peu le punique.

Nous ne pensons pas que ce travail soit l'œuvre de l'auteur de l'exposé des motifs. Les deux auteurs auraient dû se concerter pour harmoniser leurs systèmes, à moins cependant qu'il n'y ait au Ministère de la guerre deux directions d'opinions au sujet des affaires d'Afrique; à moins encore qu'il n'y ait aucune opinion arrêtée, ce qui est fort possible : en effet tandis que *le Tableau* présente partout une teinte coloniale, *l'exposé des motifs* semble admettre dans un savant éclectisme un système quasi-turc à l'est, un système quasi-arabe à l'ouest, et un système quasi-français au centre, le tout avec esprit de guerroiement qui ruinera tout système, même bon, auquel on voudrait s'arrêter.

Systèmes à examiner.

On voit que dans la position où le gouvernement s'est placé, il est impossible de suivre ses idées aussi fugitives que le peut être l'Arabe le plus agile. Nous allons examiner les trois systèmes auxquels peuvent se rattacher ces démonstrations diverses. Le système turc, le système français ou colonial, et le système arabe : et nous exposerons celui auquel nous devons donner la préférence.

CHAPITRE II.

SYSTÈME TURC.

SOMMAIRE.

Ce qu'était le système turc. — Moins mauvais qu'on le prétend. — Il avait respecté la propriété indigène. — Comme avaient fait les Anglais dans l'Inde. — Nous aurions dû agir de même. — Résultat du système turc. — Pouvons-nous établir le système turc ? — Au moyen des anciens Turcs de la régence ? — De nouveaux corps musulmans ? — De beys ? — De troupes françaises ? — Essais du système quasi-turc dans la province de Constantine. — Tributs à payer par les indigènes. — Sous le rapport financier. — Politique. — Essais de M. Bernard. — Le système turc est impossible.

CHAPITRE II.

SYSTÈME TURC.

Ce qu'était le système turc.

Le gouvernement turc à Alger était fondé sur ce double principe, que les gouvernans devaient être étrangers au sol, et à l'esprit de famille. Les membres de ce gouvernement, c'est-à-dire les huit mille Turcs qui composaient la milice, étaient recrutés dans l'empire ottoman. Le milicien, en entrant dans cette corporation, en subissait l'influence, en prenait l'esprit, s'y formait, devenait membre de l'État, et pouvait parvenir au rang le plus élevé. Les renégats étaient reçus dans la milice, mais non les Koul-ogltous (fils de Turcs et de femmes indigènes). Ceux-ci n'avaient pas la valeur politique de leurs pères, ils suivaient la condition de leurs mères. Une telle organisation donnait à la milice cet esprit de corps qui avait quelque analogie avec celui de plusieurs de nos anciens établissemens religieux.

Le dey, chef de l'État, devait être élu par le divan (conseil composé des différens chefs civils et militaires). Mais comme c'était presque toujours la révolte qui amenait le changement, le chef de la révolte était le successeur naturel du dey renversé.

Le pouvoir était exercé dans les trois provinces de Constantine, Titterie et Oran par des beys délégués du dey : le dey avait conservé l'administration directe de la province d'Alger.

Moins mauvais qu'on le prétend.

Certes, l'administration turque était antipathique aux Arabes ; ses moyens étaient violens sans doute ; et cependant elle est bien loin de mériter tous les reproches qu'on lui a adressés ; elle a pu se maintenir avec huit mille soldats et une dépense annuelle d'environ cinq millions de francs. Nous qui blâmons ce gouvernement, nous avons de beaucoup dépassé sa violence : cinquante mille hommes ne suffisent pas pour dominer le pays ; cinquante millions que chaque année dévore ne semblent destinés qu'à susciter de nouveaux ennemis. En huit ans nous avons enfoui dans les cimetières d'Afrique trois fois autant de Français que le gouvernement turc entretenait de soldats.

Il avait respecté la propriété indigène.

Pourquoi faisons-nous plus mal que les Turcs? parce que notre but est différent. Les Turcs voulaient seulement dominer le pays, pour exploiter la population ; ils n'avaient pas la prétention de coloniser. Ils avaient la direction politique des affaires, et ils maintenaient tant bien que mal l'ordre intérieur ; mais ils n'avaient pas nié la nationalité arabe, une grande action lui était laissée. Comme gouvernans, ils prélevaient un tribut sur les indigènes, mais l'indigène n'avait pas été inquiété dans sa propriété. En un mot, le gouvernement turc n'avait pas à sa suite le colon turc ; il n'avait pas proclamé comme nous la colonisation ; il n'avait pas menacé les indigènes de la dépossession du sol qu'ils cultivaient, et pour mettre cette malencontreuse idée à exécution, il n'avait pas appelé tous les vagabonds de l'Asie-Mineure. Les Turcs avaient compris toute la force des idées de propriété ; ils n'avaient pas voulu se mettre en lutte contre ce principe palpitant de la vie des individus et des nations. Nous, nous n'avons pas compris ce qu'avaient compris les Turcs.

Comme les Anglais dans l'Inde.

Lorsque les Anglais fondèrent leur puissance dans l'Inde, leur premier soin fut de rassurer la propriété indigène. Le moyen fut radical : Prohibition absolue à tout Anglais d'acquérir aucune propriété. La présence des nationaux inquiétait les indigènes : Prohibition à tout Anglais de pénétrer ou de résider dans l'Inde sans la permission du gouverneur.

En 1830, sur une population de 100,577,000 individus, sur un espace de 514,190 milles carrés, en présence d'une armée de 223,461 hommes, telle avait été la circonspection des gouverneurs qu'ils n'avaient accordé le droit de résidence qu'à 2,016 Européens [1] : droit précaire et révocable. La charte de 1833 n'a que très peu modifié ces interdictions, et l'imprudence des Européens y a bientôt ramené les gouverneurs toutes les fois qu'ils ont essayé de s'en écarter.

Les Turcs, dont nous méprisons les erremens, les Anglais, dont nous vantons la science pour gouverner des contrées étrangères, sont donc d'accord sur ce point : respect à la propriété indigène.

Nous devons agir de même.

Si aujourd'hui nous voulons appliquer le système turc, nous devons d'abord rentrer dans les circonstances qui lui étaient favorables, et le respect à la propriété arabe peut seul expliquer la facilité avec laquelle une poignée de Turcs dominait le pays.

La proximité de l'Europe ne nous permet pas, en imitant la politique des Anglais dans l'Inde, de prohiber aux Européens la résidence et les acquisitions du sol en Algérie; mais nous devons proclamer que nous ne reconnaîtrons ni colons, ni propriété européenne; que les Européens et leurs propriétés sont, comme les indigènes, soumis à la loi du pays.

Le résultat du système turc était, pour les

[1] *Histoire financière de l'Empire britannique*, par Pebrer, tome II, pag. 263, 264, 278.

Turcs, non le vain plaisir d'une domination stérile, mais l'avantage bien réel de trouver dans l'administration politique du pays, une existence plus avantageuse que celle qu'ils pouvaient espérer à Constantinople ou dans l'Asie-Mineure. Ces huit mille gouvernans étaient entretenus aux frais des populations arabes. La piraterie augmentait encore leur bien-être et grossissait le trésor. Mais depuis, cette ressource était nulle, et c'était le trésor qui soldait le déficit entre les recettes et les dépenses. Les Turcs jouissaient encore du bénéfice produit par certaines exactions.

On voit que la domination des Turcs avait pour but l'exploitation d'un peuple par une aristocratie militaire.

C'était une combinaison analogue à celle qui existait en Égypte sous les Mamloucks et qui existe encore sous l'unité despotique de Mehemet. Mais il y a cette différence que l'Égypte est une vallée fertile, habitée par une population travailleuse, malléable comme le limon du Nil; tandis que l'Algérie est un pays rude, où l'on ne trouve que des hommes plus rudes encore, et rebelles au travail. L'Égypte rapporte à Mehemet au moins 63 millions de fr. [1]; l'Algérie a produit, en 1837, 2,018,526 fr. pour le trésor [2].

[1] *Coup d'œil sur l'Égypte*, par M. Jomard, p. 9.

[2] *Tableau de la situation de l'Algérie*, p. 403.

C'était une combinaison analogue à celle des Anglais dans l'Inde. Si la Compagnie entretient dans l'Inde une armée de 223,000 hommes et une administration qui lui coûte chaque année 500 millions et un déficit de 20 ou 25 millions [1], ce n'est pas dans la vue d'un bénéfice commercial [2]. Mais la domination du pays lui fournit la disposition de places lucratives en faveur d'une multitude d'agens civils et militaires. « Les Nababs en revenant en Angleterre y sont autant de bonnes recrues pour la haute aristocratie. Peu leur importe qu'ils présentent le scandale d'une fortune acquise par les rapines et le brigandage; peu importe qu'ils influent fortement

[1] Pebrer, dans son excellent ouvrage de l'*Histoire financière de l'Empire britannique*, Inde, tableau 12, établit que les deux dettes de la Compagnie, qui étaient, en 1814, de 4,682,701 liv. st., s'élevaient, en 1828, à 21,716,890 liv. st.; ce qui fait un déficit de 28 millions de fr. par an ; et il en trouve les causes (p. 230, tome II) dans les mesures politiques et financières prises par la Compagnie. — Dans le compte qu'il établit (p. 272, tome II) de la situation de la Compagnie en 1829-30, il constate un excédant de dépense de 808,569 liv. st., soit 20 millions de fr.

[2] Les chiffres ne sont forts ou faibles que par comparaison. Les exportations de la Grande-Bretagne aux Indes orientales et à la Chine se sont élevées, en 1830, à 4,682,197 liv. st., y compris les marchandises étrangères. Or, qu'est-ce que cette somme sur les 514 millions auxquels est évaluée la production annuelle de la Grande-Bretagne? (*Histoire financière*, tome II, p. 90.)

sur la morale publique en animant chacun du désir des mêmes richesses poursuivies à tout prix [1]. » Napoléon, qui s'exprimait ainsi, aurait, de nos jours, fait bonne justice des Nababs en expectative qu'enfante l'Algérie. Le plus grand nombre dessèche, il est vrai, sur ce malheureux pays stérile pour tout impôt; mais les habiles prennent patience avec les millions que la France envoie en Afrique; nous en voyons déjà qui, maigres partis, sont revenus arrondis.

Je ne disconviens pas que la France libérale ne puisse fournir tout autant d'aristocrates qu'il en faudra pour dévorer l'Afrique; si ces aristocrates voulaient se charger de l'entreprise à leurs risques et périls, je leur donnerais volontiers mon assentiment. Mais enlever tous les ans 50 millions aux contribuables, et faire périr quatre ou cinq mille citoyens français, pour alimenter leur ambition politique ou militaire, c'est ce que m'interdisent absolument ma conscience et ma raison.

Pouvons-nous établir le système turc?

Mais enfin quels moyens les partisans du système turc auront-ils pour le reconstituer? Auront-ils recours aux anciens Turcs de la Régence? Formeront-ils de nouveaux corps turcs? Prendront-ils pour intermédiaires des beys? Essaieront-ils par eux-mêmes la mise en action de ce système? Enfin, quels en seront les avantages?

[1] *Mémorial de Sainte-Hélène*, 7 septembre 1816.

2

Au moyen des anciens Turcs.

Il est incontestable que s'il avait été possible dans le principe de maintenir le pouvoir des Turcs dans la Régence, c'eût été, au moins comme mesure provisoire, le meilleur parti à suivre; mais ce pouvoir tombait de lui-même devant la puissance française, qui venait pour le châtier.

De toutes parts les Arabes s'étaient soulevés contre les Turcs. A Mascara, ils les avaient égorgés; à Tlemecen, ils les tenaient bloqués. De notre côté en nous emparant de Bone, Oran, Medeah, Mostaganem et plus tard de Tlemecen, nous avions hâté le discrédit et la chute des Turcs : en les proscrivant d'Alger, nous avions constaté la persévérance de notre volonté! leur dernier refuge était Constantine, la prise inconsidérée de cette ville leur a porté le dernier coup. Le pouvoir des Turcs a péri dans la Régence : est-il possible aujourd'hui de le faire revivre? Peut-on rassembler ses membres épars? Peut-on leur rendre la vigueur après les avoir mutilés à la face des Arabes? Peut-on leur rendre leur prestige après leurs défaites nombreuses? Nous ne le pensons pas.

Au moyen de nouveaux corps musulmans.

Si les élémens turcs qui existaient dans l'ancienne Régence n'existent plus, peut-on en reconstituer d'analogues? Certes, on peut faire de nombreuses recrues dans l'Asie-Mineure; mais quelle pensée animera ces nouveaux corps? Quels directeurs trouveront-ils en Afrique? Une tourbe mobile d'administrateurs et d'officiers nomades. Sera-ce auprès d'eux qu'ils feront cette éducation remarquable que les nouveau-venus trouvaient dans la corporation stable et éminemment politique des janissaires? Employés par nous, auront-ils, comme jadis, la conscience de leur valeur et de leur souveraineté? N'étant plus que les instrumens d'un pouvoir étranger, que la plupart haïront en secret, conserveront-ils cette dignité d'eux-mêmes qui jusque dans le dernier des janissaires imposait aux Arabes? N'est-il pas évident que tous les essais de ce genre doivent être infructueux? Mahmoud et Mehemet ont pu, il est vrai, maintenir leur pouvoir après la ruine des janissaires et des Mameloucks, mais les peuples auxquels ils avaient à commander n'étaient pas semblables aux Arabes de l'Algérie. Les populations de la Turquie et le fellah d'Égypte ont dû céder à la puissance du sultan et du vice-roi. Mahmoud et Mehemet parlent au nom du Coran. Parlerons-nous au nom de l'Évangile? Pour établir notre puissance sur des populations musulmanes, la première condition nous manque, l'autorité religieuse. Chez ces peuples, l'unité est absolue : le pouvoir procède du principe religieux; c'est le Coran qui est le grand régulateur de toutes choses. Les chrétiens peuvent bien comprimer, momentanément, les enfans de Mahomet, mais ils n'obtiendront ni leur soumission, ni leur confiance, et ce n'est pas aujourd'hui qu'on peut vouloir appliquer un système où la force serait incessante contre l'opinion.

Par l'intermédiaire de beys.

Ne pouvant constituer le système turc avec des milices turques, pourrons-nous l'essayer au moyen de beys de notre institution? Nous avons déjà fait cet essai; et le résultat a été tel que M. Bresson, intendant civil d'Alger, disait à la Chambre des Députés : « Il demeure aujourd'hui prouvé que nous n'avons pas fait une nomination (de beys) qui n'ait été une cause de déconsidération, un affront pour la France, un sujet inépuisable de sarcasmes pour les Arabes, et qui éloignera de nous, pour long-temps, les hommes de quelque valeur, qu'il eût été facile de s'attacher[1]. » Et cependant, ceux qui avaient fait ces nominations avaient choisi ce qu'il y avait de mieux parmi les Musulmans qui consentaient à se compromettre avec nous, ou qui cherchaient à exploiter notre puissance; mais l'origine chrétienne de l'autorité de ces beys les déconsidérait tout d'abord; sentant combien leur autorité était précaire, ils voulaient gouverner vite, c'est-à-dire s'enrichir, par tous moyens : d'autres se mettaient en mesure de profiter des événemens. Comme on ne paraît pas encore avoir complétement renoncé à l'emploi de ces beys, nous de-

[1] *Moniteur* du 23 avril 1837.

vons rappeler ici les principales mystifications qu'ils nous ont attirées.

Le premier dont nous ayons fait l'essai a été Ben-Omar, que le maréchal Clauzel a nommé bey de Medeah en 1830. Une expédition l'installe; mais bientôt le malheureux bey ne peut plus sortir, d'abord de Medeah, puis de sa maison, où la crainte le retient. — En 1831, une seconde expédition va le délivrer, et le ramène à Alger. — Le général d'Erlon croit que ce même Ben-Omar peut être de quelque utilité à Belida : une troisième expédition le conduit en vue de sa nouvelle principauté; mais les habitans de Belida ne voulant pas le recevoir, et le commandant de l'expédition ne jugeant pas qu'il fût opportun de les y contraindre, ou craignant d'être obligé de revenir chercher son bey, ramène silencieusement Ben-Omar à Alger. — En 1835, le maréchal Clauzel nomme Ben-Omar bey à Cherchell. Quatrième expédition. Un officier le porte à destination sur un bateau à vapeur. Les dispositions de Cherchell n'ayant pas paru plus favorables que celles de Belida, le bey est rapporté à Alger, où il attend encore des sujets de meilleure composition. C'est un bey en disponibilité perpétuelle; il se contente du titre, qu'il promène gravement dans les rues d'Alger; il jouit d'un traitement de 6,000 fr., qu'il touche à je ne sais quel titre. Il a la croix d'honneur.

L'arrondissement d'Oran et le Chélif ont été constitués à l'état de beylicks; mais ils ont échappé à la nomination de beys titulaires.

Il en est de même de Bougie. Le maréchal Clauzel, lorsqu'il avait l'intention de l'évacuer, se proposait d'y nommer un bey à 6,000 fr. et un sous-bey à 2,000 fr.[1]

Ibrahim avait été nommé bey à Mascara. Lorsqu'il vit l'état où notre expédition avait réduit son beylick, il demanda son transfert à Mostaganem, qui, n'étant que dépeuplé, valait encore mieux que Mascara, qui était incendié. L'installation du bey avait eu lieu avec les cérémonies d'usage; deux piles de têtes coupées figuraient à la porte de la tente du récipiendaire. Ce Turc est brave et honnête.

Le beylick de Mascara étant ainsi devenu vacant, El-Mezary y fut nommé; mais il ne put l'atteindre. Il est là comme un vrai croyant dans l'expectative du paradis de Mahomet.

Si El-Mezary n'a pas pu entrer dans sa résidence, Moukalleck, nommé à Tlemecen, n'a pu sortir de la sienne que lorsque nous avons quitté cette ville. Les habitans n'avaient pas oublié qu'il avait été l'un des collecteurs de la contribution de 1836. Il jouissait de peu de popularité.

[1] Lettre du maréchal Clauzel au Ministre, du 30 août 1835.

Le bey dont la position a été la plus intéressante est Mohammed, nommé à Medeah. Le *Moniteur algérien* du 15 octobre 1835 contient les détails de l'imposante solennité de son installation. Cent cinquante chefs de tribu, ou notables, sont venus à Alger pour faire une garde d'honneur au nouveau dignitaire ; il est accompagné de son lieutenant et de son bourreau ; il reçoit l'investiture des mains du maréchal Clauzel, et part sous la protection du général Rapatel, qui le conduit jusqu'au col de Tenia ; mais les dispositions des sujets futurs du bey ne paraissent pas assez rassurantes pour qu'il croie devoir aller plus loin. Il revient donc à Alger, comme avait fait son collègue Ben-Omar. Un peu confus de sa mésaventure, et n'ayant pas, comme Ben-Omar, sa ration budgétaire, il veut gagner son beylick ; il est dévalisé par la tribu Beni-Yacoub, qu'il traversait incognito. Après avoir éprouvé autant d'infortunes que le pigeon de La Fontaine, il arrive sous la protection de quelques parens qu'il avait dans la tribu Hassan-ben-Ali. Ses sujets l'y poursuivent, et il est obligé de se réfugier dans un silo, où il reste pendant trois mois, conservé par ses amis pour des jours meilleurs. Ces jours arrivent. Le maréchal Clauzel était venu à la Tenia ; il envoie une division à son aide ; le bey est tiré de son silo, déposé à Medeah, et on lui laisse six cents fusils, cinquante mille cartouches et

6,000 fr. Les Français se retirent; survient un lieutenant d'Abd-el-Kader qui s'empare du bey, des fusils, des cartouches et de l'argent, et fait promener par la ville l'infortuné bey, monté sur un âne.

Que vont devenir ces fonctionnaires, aujourd'hui qu'Abd-el-Kader les a débarrassés de tous soucis administratifs? Le budget pensionnera ces collègues de Ben-Omar, le type de l'espèce.

Le Tunisien Joussouf, nommé bey de Constantine, est un autre homme. Il avait été envoyé à Medeah par le maréchal Clauzel, pour y porter des ordres au bey Ben-Omar, avec lequel il eut alors de grands démêlés. Ces deux hommes se sont réciproquement accusés d'avoir cherché à se faire assassiner[1]. La mauvaise administration de Ben-Omar inspira probablement à Joussouf l'idée de le remplacer dans son beylick. Voici la charte qu'il réservait à ses peuples futurs : « En prenant possession du beylick, je couperai la tête des six habitans les plus riches de Medeah, et je confisquerai leurs biens; ensuite, pour entretenir dans le pays une crainte salutaire, j'en abattrai une toutes les semaines[2]. » N'ayant pu parvenir au beylick de Titterie, il s'exerçait sur

[1] *Annales algériennes*, tome II, p. 399.

[2] *Dix-huit mois à Alger*, par le général Berthezène, ancien gouverneur d'Alger, page 147.

la plaine de la Metidja, où ses excès compromirent souvent sa vie[1], malgré les titres qu'il prenait de grand-écuyer ou de lieutenant de l'aga; il nourrissait toujours ses idées de grandeur, et dès 1832, il jetait ses vues sur Constantine. Ce fut lui qui fit échouer les négociations alors ouvertes entre M. le duc de Rovigo et Achmet, par l'entremise de Sidi-Hamden, que le duc avait envoyé à cet effet à Constantine. Joussouf écrivait à Sidi-Ben-Yacoub : « J'ai reçu votre lettre, par laquelle vous m'informez du retour de Hajmed, bey de Constantine, à son quartier-général, ainsi que de l'arrivée de Sidi-Hamden à Constantine, pour traiter de la paix entre les Français et le bey. Ne croyez rien de cela, ni de tout ce que pourra vous dire le bey. Mais vous devez apprendre la vérité de la chose de moi. *Coûte que coûte, les Français iront à Constantine et prendront la ville....* » Le duc de Rovigo écrivait, le 5 décembre 1832, au général commandant à Bône : « Je joins ici la copie d'une lettre de Joussouf, dont je garde l'original.... Il paraît qu'elle n'a été communiquée à Achmet qu'après que Hamden eut quitté Constantine pour se rendre à Bône, où Achmet-Bey la lui a envoyée, *comme témoignage des motifs de son changement de*

[1] *Dix-huit mois à Alger*, par le général Berthezène, p. 147.

dispositions. Cette lettre cadrait si juste avec un courrier expédié d'Alger tout exprès, que le plus crédule devait y avoir confiance. — Cette lettre de Joussouf, qui serait criminelle s'il y avait intention, je veux bien ne la considérer que comme *l'œuvre d'un brouillon ambitieux, qui veut à tout prix forcer l'expédition de Constantine, pour avoir sa part du pillage*. Si cet homme n'est pas un sot, ce que je crois, c'est l'homme le plus dangereux que nous puissions avoir parmi nous. Je place sa conduite sous votre responsabilité entière, *et dussiez-vous le faire fusiller à la première faute, je vous approuverais*. Vous voyez qu'il y a là-dessous une intrigue dégoûtante, et que cette intrigue a fait manquer les opérations commencées. Je ne reviens pas de l'audace de ce Mamelouck, qui se place entre nos ennemis et moi. »

Le duc de Rovigo ne pensait pas, à cette époque, que plus tard Joussouf serait nommé bey de Constantine; c'est cependant ce qui eut lieu en 1836, à Tlemecen même, après la collection de l'impôt. Le Gouvernement n'était pas beaucoup plus rassuré que M. de Rovigo sur le compte de Joussouf. Il écrivait à ce sujet au maréchal Clauzel : « Malgré les plaintes graves que les excès commis à Tlemecen ont soulevées, le Gouvernement consentira à laisser Joussouf investi du titre de bey, qui lui a été conféré par vous; mais un officier-général, capable de lui imposer et de le diriger, sera placé dans cette province[1]. » Nous ignorons quel est l'officier français qui a eu la mission difficile d'être le tuteur de Joussouf, et nous ne doutons pas qu'il n'ait fait de son mieux; mais il n'a pas pu empêcher nombre d'actes sauvages, ni les faits de pillage, qui sont les seuls actes administratifs de l'homme infligé par la France à cette malheureuse province.

Pour entrer avec honneur dans son gouvernement, Joussouf fait un emprunt de 20,000 fr. au juif Lasry, son collègue de Tlemecen, et les termes du contrat écrit étaient que ces 20,000 fr. seraient rendus à Lasry en têtes de bétail. Pour acquitter sa dette, Joussouf, aussitôt son arrivée à Bône, fait une expédition contre une tribu amie, lui enlève deux mille têtes de bétail, suivant le *Moniteur algérien*, et peut ainsi acquitter sa dette. Ce bétail, compté à vil prix à Lasry, est par lui vendu au quadruple à l'administration française. Une difficulté s'élève sur la suite du marché, et le tribunal de Bône est saisi et épouvanté d'une cause où l'on produit des billets constatant ces hideux traités.

Les razias faites par Joussouf s'élèvent à des sommes considérables. L'administration du général d'Uzès avait concilié à l'autorité française les

[1] Instructions du 15 août 1836.

tribus qui étaient le plus rapprochées de Bône; mais les exactions de Joussouf les éloignent de nouveau : elles se retournent vers le bey de Constantine, préférant Achmet, dont la fortune était faite, à Joussouf, qui avait sa fortune à faire. La guerre éclate de toutes parts; notre bey et ses cavaliers sont obligés de se réfugier dans les camps français [1]; la désaffection des tribus gagne les mulets promis par Joussouf pour l'expédition de Constantine; sur quinze cents qui devaient accourir à sa voix, cent vingt-cinq seulement demeurent fidèles. Notre bey devait faire venir de Tunis deux mille Turcs pour l'aider dans son gouvernement; ils font défaut comme les mulets : quarante seulement se présentent. La mystification pénètre jusque dans les cartons ministériels, où s'étaient élaborées les prévisions du budget de l'expédition. Dix mille Arabes, toujours par la même influence, devaient être nos auxiliaires; le crédit qu'on leur avait ouvert est demeuré presque vierge. Enfin notre malheureux bey ne peut même pas retenir les indigènes qui étaient sous ses ordres; deux cents avaient déserté avant le départ de Guelma [2]. Dans la retraite, nous perdons deux canons; c'étaient deux pièces qu'on avait eu l'imprudence de lui confier.

[1] Rapport sur les crédits de 1836.

[2] *Plaidoyer de M. Ph. Dupin pour le général de Rigny*, p. 22.

Pendant la deuxième expédition contre Constantine, le Gouvernement avait eu la prudence de maintenir à Versailles le bey *in partibus;* mais son souvenir était vivant en Afrique. Achmet écrivait aux tribus : « Les Français avaient nommé un bey, l'infidèle Joussouf, qui se disait musulman ; tout le temps qu'il a commandé, il n'a commis que des horreurs; il s'est baigné dans le sang de nos frères, il a coupé leurs têtes, il les a dépouillés de tout ce qu'ils avaient pour enrichir les Français sans doute, puisqu'ils toléraient ses actes sanguinaires [1]. »

Il est difficile de s'expliquer comment, après de tels faits, qui sont à la connaissance de M. Bernard, ce ministre a pu nommer Joussouf lieutenant-colonel. L'armée n'a pas compris cette nomination, qui est venue affronter les droits de tant d'officiers français. Elle se demandait si c'était en récompense des services rendus lors de la première expédition de Constantine? Elle avait été le témoin de ces services. — Si c'était à la suite de la deuxième expédition de Constantine? Pendant sa durée, Joussouf était à Versailles. — Serait-ce simplement pour justifier sa nomination au grade de chef d'escadron?

Les beys ne nous ont apporté que des mécomptes. Cependant nous n'avons pas renoncé à

[1] *Moniteur algérien* du 9 novembre 1837.

cette conception. Nous avons nommé, à Constantine, un caïd qui nous donnera les mêmes difficultés. Mohammed est recommandable, dit-on : homme de ville, il était utile de l'employer pour l'administration de la ville; mais on s'est trompé lorsqu'on a voulu l'employer au dehors. Là, le commandant doit être un homme de guerre : il n'a affaire qu'à des hommes de guerre.

[Au moyen troupes [françaises.] Il ne nous reste plus, pour appliquer le système turc, que de l'entreprendre par nous-mêmes. Le grand empêchement est que nous ne sommes pas Turcs. Aux causes de non-réussite que nous avons signalées plus haut, lorsqu'il ne s'agissait que de donner l'impulsion au système, se joindront toutes les impossibilités de son exécution directe. Ainsi, avons-nous ce calme que conservaient les janissaires dans l'exercice de leur pouvoir? Avons-nous cette persévérance qui toujours marche, et se contente du plus petit résultat?

C'est le système quasi-turc dont nous avons parlé au chapitre 1er, et que l'année 1838 voit luire dans la province de Constantine.

Le maréchal Vallée en a eu l'intelligence réelle en commençant par proscrire les acquisitions de terrains et maisons; c'est cette sage mesure qui a suspendu pendant quelques mois la lutte dans

[1] *Moniteur algérien* des 14 et 18 novembre 1836.

la province de Constantine. Mais nous avons devant nous toutes les autres difficultés dont nous avons fait le tableau. Elles sont insurmontables; elles commencent à se révéler. Au récit éblouissant de nos promenades pacifiques qui n'avaient pu abuser que l'irréflexion, succède déjà le récit plus vrai du guerroiement inévitable auquel nous condamne ce système stérile. Nous venons de faire une expédition contre la tribu des Ouled-Abdel-Nour, qui, après avoir chassé le cheik que nous lui avions envoyé, faisait la guerre aux tribus qui nous étaient favorables. Le mauvais temps a failli faire échouer l'expédition; nous avons détruit soixante douars, avons tué ou blessé deux cents Arabes, et avons enlevé cent soixante-dix-sept bœufs, six mille trois cents moutons et vingt-neuf chameaux. De notre côté, nous avons eu dix-neuf blessés. On appelle cela un succès. Il n'est pas complet; car nous n'avons détruit que soixante douars, et il y en avait cinq cents. Mais patience! Nous avons fait connaissance avec la tribu rebelle; avec le temps, nous saurons la détruire. M. Bernard, jugeant que « le moment des grandes entreprises et des grands sacrifices est arrivé;.... que la domination française va travailler à se faire reconnaître dans toutes les directions, » songe à faire un port à Stora. On fait une reconnaissance; suivant l'usage, aucun embarras pour avancer; on trouve un pays superbe; et au retour, des rassemblemens nombreux de Kabaïles nous inquiètent, les coups de fusil accompagnent notre retraite. Il est vrai que nous avons *culbuté les Kabaïles dans la rivière*, et que nous avons tué *un assez grand nombre d'hommes à coups de crosse et à la baïonnette*. Telle est notre manière d'entrer en relations avec des gens qui n'avaient pas même vu de Turcs depuis quarante ans. De notre côté, nous avons eu quelques morts et quelques blessés. Le *Moniteur algérien* dit que l'on surmontera la résistance des Kabaïles si on occupe Stora : Bougie n'a pas pu instruire le *Moniteur algérien*.

Tributs à payer par les indigènes.

La grande affaire des Turcs était la perception des tributs; car c'était avec les tributs qu'ils vivaient; ils n'avaient pas à leur disposition le bon budget de France. M. Bernard, qui en a la disposition, est moins embarrassé; et cependant il l'est encore à propos de ces malheureux tributs. Nous voyons, dans son exposé des motifs des crédits de 1838, et dans la même page, ces deux phrases, qu'il nous a été impossible de concilier, et qui dénotent toute la perplexité de M. le Ministre de la guerre : 1re PHRASE. « En appelant à elle les principaux chefs du pays, l'administration française leur demande *un concours exempt de sacrifices*. » 2e PHRASE. « Chacun de leurs chefs, en échange de la nouvelle investiture qui lui est donnée, se range sous la souveraineté de la France, *et s'engage à lui payer tribut.* » M. Bernard croit encore aux investitures. Elles ont, en Afrique, la même valeur que le serment politique en France. On a fait abus des uns et des autres.

Quant aux tributs, c'est une autre affaire; elle vaut la peine d'être examinée. La question est neuve pour nous en Afrique; nous en sommes encore à savoir si ces tributs doivent être considérés sous le rapport financier ou sous le rapport politique.

Sous le rapport financier.

Sous le rapport financier, la commission d'Afrique constate la résistance, les difficultés, que le gouvernement turc, après plusieurs siècles de possession, éprouvait encore dans la perception des tributs. Ce souvenir semblerait conseiller de renoncer à des redevances dont l'effet serait de créer à l'exercice du pouvoir de nouveaux embarras, et dont la perception occasionnerait, par l'emploi de la force qu'elle exigerait, souvent des dépenses supérieures aux produits. « Ce qui me paraît le plus évident, dit un membre, c'est que *le tribut, au lieu d'être productif, sera onéreux.* » Et la commission répète : « Les tributs, envisagés comme moyens de produits, seront, sinon toujours, du moins longtemps, plus onéreux que profitables[1]. »

[1] *Rapport à la commission envoyée en Afrique*, page 1, 12 janvier 1834.

M. le maréchal Vallée nous apprend aussi que, dans la province de Constantine, Achmet lui-même, après la prise d'Alger, a lutté pendant cinq ans contre les habitans, avant de les réduire à lui donner de l'argent et des denrées[1].

Mais quel était donc ce tribut qui devait nous payer et au-delà toutes nos fantaisies d'outre-mer? Shaler évalue les recettes de l'ancien gouvernement turc à Alger à 434,800 dollars. Sur cette somme, les tributs payés par le pays s'élevaient seulement à 155,000 dollars, qui étaient fournis, savoir :

60,000	par le bey d'Oran pour les impôts de sa province;
15,000	par le même pour droits d'exportation;
60,000	par le bey de Constantine pour impôts de sa province;
16,000	par les kaids dépendant du gouvernement général;
4,000	par le bey de Titterie.
155,000[2],	

soit 820,000 francs, somme bien inférieure à l'impôt direct que paient un grand nombre d'arrondissemens de France. Celui de Neufchâtel paie 1,100,000 fr. en 1838.

[1] Lettre à M. le Président du conseil, du 4 novembre 1837.

[2] Shaler.

Si cet impôt n'était pas arraché sans violence par les délégués du dey, nous aurons une difficulté de plus pour l'obtenir : nous sommes chrétiens et la loi de Mahomet défend de payer tribut aux chrétiens ; « à Alger un musulman ayant été dans l'obligation d'acquitter une redevance au fisc, ne se crut réellement libéré de sa dette qu'après l'avoir acquittée de nouveau entre les mains d'un marabout [1]. »

Nous n'avons donc pas à considérer le tribut sous le rapport financier ; pauvres esprits que nous étions, il s'agit bien de finances en Afrique, terre classique des idées gouvernementales : il s'agit de puissance, et c'est sous le rapport politique que nous devons envisager les tributs.

Sous le rapport politique.

Rien n'est plus curieux que la discussion qui a eu lieu à ce sujet à la commission envoyée en Afrique [2]. Un membre pense que, si nous soumettons les Arabes à nous payer annuellement une somme quelconque, toutes nos relations avec eux deviendront meilleures, notre influence s'accroîtra et notre autorité ne souffrira plus de contestation. — Un autre membre ne peut admettre une idée aussi contraire à nos idées européennes, et désirerait que le préopinant voulût bien citer quelques faits à l'appui de son opi-

[1] *Oran sous le commandement du général Desmichels*, p. 224.

[2] *Procès-verbal*, p. 123, séance du 6 novembre.

nion. — Celui-ci raconte alors que, causant avec *des Arabes influens* dans leurs tribus, il les a souvent entendus demander pourquoi les Français n'usaient pas de leurs armes pour exiger les tributs autrefois payés aux Turcs. Cette question paraît étrange; mais elle s'explique, dit l'honorable commissaire, par les avantages que ces *hommes influens* trouvaient dans la perception du tribut et qu'ils y trouveraient encore; ils étaient et seraient encore chargés de répartir et percevoir ces impôts. Ils y trouvaient et y trouveraient encore un moyen de fortune et d'influence..... Il faut par le tribut constater la souveraineté, prouver qu'on est fort, se créer des amis à récompenser par des priviléges, par des moyens de fortune, *des ennemis à punir et à livrer soit à la haine, soit à l'amour du pillage de ses amis. Je conviens que ce sont là des moyens que la morale repousse si la politique les conseille, mais je n'en connais point d'autres.* La guerre franche, généreuse, ne serait pas beaucoup plus belle; car elle devrait être exterminatrice, en supposant qu'à force d'hommes et d'argent elle réussît. » Telles sont les vues profondes qui devaient être complétées plus tard à la tribune par l'apologie de la bastonnade. L'on conseille ce que l'on reconnaît immoral, et il faut que des malheurs sans nombre viennent faire justice de cet ignoble machiavélisme.

C'est donc sous le rapport politique que « la commission pense qu'il convient de faire revivre les anciens tributs et de les exiger par la force, partout où la force pourra s'étendre [1]. » Les habiles nous disent que c'est le meilleur moyen d'acquérir de l'influence sur les Arabes. Nous essayons de ce procédé sur les trois points de la Régence, et partout il soulève contre nous de nouveaux ennemis.

Essais de M. Bernard.

Nous aurions cru, d'après ces tentatives, que nous pourrions renoncer à l'impôt politique tout aussi bien qu'à l'impôt financier, mais M. Bernard n'est pas de cet avis : il pense que le tribut « est un droit de la puissance; c'est de plus, en Afrique, un devoir [2]. » D'après M. Bernard, l'impôt sera exigible en denrées ou bestiaux, et conversible en argent lorsque les populations le désireront, absolument comme nous faisons en France pour la réparation des chemins vicinaux. L'impôt sera perçu par les chefs des tribus, et avec les moyens de perception ordinaires au pays. Ces chefs rendront compte de leur gestion à nos spahis réguliers qui feront des tournées à cet effet, et recevront les réclamations. Une partie de l'impôt sera laissée au chef de tribu; une autre sera

[1] *Conclusion de la commission envoyée en Afrique; Procès-verbal*, p. 132.

[2] Dépêche au maréchal Vallée, du 10 décembre 1837.

pour les spahis auxiliaires, et la troisième « sera conduite ou portée de proche en proche par les Arabes au magasin militaire ou au port d'embarquement indiqué[1]. » Je n'ai pas grand espoir qu'une manipulation aussi savante laisse parvenir grand'chose dans nos magasins, et M. Bernard ne l'espère pas plus que moi : il engage le maréchal Vallée à ne pas être trop difficile *sur un tribut qui pourra être nul,* « et il l'autorise même à allouer aux Arabes auxiliaires une subvention en sus du tribut local[2]. » Ici, je m'y reconnais, nous voici rentrés dans la vérité : nous payerons tribut à nos tributaires. M. Bernard avait d'abord pensé que l'impôt arabe ne devait paraître dans notre comptabilité que par un versement dans les magasins de l'État, opération la plus simple de toutes; mais il recommande ensuite au maréchal Vallée d'établir un contrôle à ces perceptions. Ce n'est pas un contrôleur que M. Bernard a voulu dire, c'est probablement un payeur chargé de solder la différence du tribut aux frais de recette.

Le profond respect que je professe pour M. Bernard m'empêche de dire ce que je pense de semblables conceptions, j'aime encore à croire que ce n'est pas son œuvre qu'il a signée : les faits ne

[1] Dépêche de M. Bernard au maréchal Vallée, du 27 décembre 1837.

[2] Dépêche du 7 mars 1838.

tarderont pas à faire évanouir de vaines illusions. Déjà nous avons essayé à l'est de Bône le nouveau régime de perception indiqué. Les spahis perçoivent quelque monnaie dans les tribus visitées, et dépensent plus du double en orge pour leurs chevaux. Au retour, comme de coutume, ils sont attaqués aux Ouledkebir par les Arabes, qui trois fois reviennent à la charge. Les spahis rentrent à Bône sans argent, il est vrai, mais avec un drapeau en échange de quelques morts qu'ils ont laissés aux Arabes. Il est possible que cette petite campagne ait été fort glorieuse, je le crois même, puisque nous allons la renouveler dans l'ouest; mais enfin nous traitons actuellement du tribut, et nous voyons que le contrôleur de M. Bernard peut encore méditer ses instructions.

Nous verrons ce que le système turc de M. Bernard produira d'impôts dans la province de Constantine. Nous croyons devoir répéter encore qu'Achmet ne rendait au dey d'Alger que 60,000 dollars ou 300,000 fr., mais il supportait toutes les dépenses du beylick. L'occupation de la province de Constantine nous coûtera environ 12 millions. Nous ne sommes pas encore prêts d'entrevoir les 300,000 fr. d'Achmet. Il n'est pas facile d'être Turc.

Le système turc est impossible.

En résumé, nous voyons que nous ne pouvons mettre en pratique à Alger le système turc, ni au moyen des anciens Turcs, ni au moyen de nouveaux corps musulmans, ni au moyen de beys, ni au moyen de troupes françaises. Quant au but des Turcs de faire vivre sur le pays huit mille aristocrates militaires, la France ne peut le rechercher; elle ne peut vouloir faire des sacrifices pour l'atteindre; en un mot, le système turc est impossible avec les Français et par les Français. Il lui faut l'impulsion turque et la sanction du représentant de Mahomet. Cette haute influence religieuse est négligée par nous; nous ne croyons pas et nous ne comprenons pas les effets de la croyance sur les autres. Nous voulons comprimer en Afrique des gens qui reçoivent leur volonté de Constantinople ou de Maroc. En vain nous présente-t-on des faits contraires d'obéissance de populations musulmanes à une puissance chrétienne. Ces faits ont été transitoires ou maintenus par la force. Lorsque le temps est arrivé, des ambitieux ou des fanatiques se sont trouvés prêts à exploiter ou exalter les passions religieuses des musulmans.

CHAPITRE III.

SYSTÈME FRANÇAIS OU COLONIAL.

SOMMAIRE.

Tendance du Gouvernement vers la colonisation. — Opinions de M. le directeur des affaires d'Afrique. — La colonisation entraîne l'extermination des indigènes. — Refoulement. — Extermination. — La guerre d'Afrique n'est pas nationale. — La guerre d'Afrique est difficile. — Dangers de chaque saison. — Manque d'eau et de bois. — Difficultés des approvisionnemens. — Difficultés des transports. — Voitures. — Chameaux. — Mulets. — Anes. — Ressources indigènes. — Dépenses, en 1837, pour les transports. — Citoyens français bêtes de somme. — Ambulances. — Hôpitaux. — Évacuation des malades sur France. — Nombre des morts. — Nombre des malades. — L'extermination des Arabes est nécessitée par notre position. — Progression des effectifs. — Lutte. — Démoralisation de notre armée.

CHAPITRE III.

SYSTÈME FRANÇAIS OU COLONIAL.

Le système turc, qui était profitable aux Turcs, serait donc stérile dans nos mains, quand même nous pourrions le mettre à exécution. Si le Gouvernement en fait un quasi-essai à Constantine, il paraît donner plus d'attention au système quasi-colonial ou français qui s'est glissé au centre de la Régence. C'est vers ce but que me paraît louvoyer d'une manière fort adroite le gros volume que nous devons à M. le directeur des affaires d'Afrique. M. Laurence est un homme de conviction, et il nous saura bon gré de rappeler ici l'opinion qu'il émettait en 1833, comme membre de la commission envoyée en Afrique. Tendance vers la colonisation.

« Depuis qu'il est question de substituer, à une occupation temporaire de la Régence, un établissement définitif, on semble s'être attaché à n'envisager que le beau côté de la question ; et tout en exagérant les avantages signalés, on en a constamment appelé à l'honneur français ; on a flétri d'avance d'ignominie un prochain abandon, Opinion de M. Laurence.

Quelles que fussent les vues du Gouvernement, s'il en avait déjà d'arrêtées sur ce grave sujet, il n'a pas voulu qu'on l'accusât encore d'avoir mal compris les intérêts nationaux; et en nous chargeant de la mission que nous remplissons, il a bien entendu abriter sa responsabilité par le conseil indépendant que nous allons lui donner. Examinons.

« La côte septentrionale de l'Afrique offre, il est vrai, non loin des rivages de France, et sous un ciel plus doux, une patrie nouvelle à la partie de la population française qu'agite le malaise ou l'inquiétude. Ici tout manque, tout est à créer: des esprits aventureux peuvent y venir chercher la fortune, ou tout au moins une autre façon d'être et de vivre; mais existe-t-il en effet chez nous des populations exubérantes? N'y a-t-il plus de friches et de marais? Est-on bien sûr que nos cultivateurs, même les plus malheureux, se décident à s'expatrier plus aisément qu'ils ne l'ont fait jusqu'à ce jour? Et en admettant que les habitans des villes, les artisans, soient bien propres et suffisent à la colonisation, depuis que la politique et les idées spéculatives sont descendues dans les ateliers, espère-t-on que l'Afrique tentera beaucoup des imaginations ardentes qui s'y consumeraient sans aliment?

« Exporterait-on nos condamnés dans la Régence? Mais sans examiner le système et son application possible, l'unique avantage serait la possession d'un bagne de plus. Si l'on prétend y ouvrir un asile aux libérés, repoussés chez nous par un préjugé cruel, le préjugé traversera la mer avec eux; nos colons français y resteront fidèles comme aux habitudes, aux vices de notre société, dont celle d'Afrique deviendra l'image; ce ne serait d'ailleurs qu'une conséquence fort problématique de la colonisation, et non pas une cause déterminante pour l'opérer.

« L'agriculture y gagnera-t-elle? Oui sans doute, mais l'agriculture de la colonie seulement. Ses marais seront fertilisés, mais leur fécondité, favorable au colon, exclura de la consommation les produits analogues du Français d'Europe. On peut demander au sol africain tout ce qu'on obtient des terres de France; et même, dans l'intérêt de la défense, pour que la Régence ne demeure pas, en cas de guerre, à la merci de l'ennemi, nous devons souhaiter qu'elle puisse vivre sans nous et de ses propres ressources. Des siècles s'écouleront peut-être avant que le retour de l'antique fertilité soit autre chose qu'une espérance. Il est certain que nous pourrions y produire, même au-delà de nos besoins, l'huile, la soie, le coton peut-être, qui manquent à la France, et nous rendre de ce côté indépendans de l'étranger; mais les conditions de la production ne seraient-elles pas trop onéreuses? C'est une question dont la solution sera long-temps incertaine. D'ailleurs, en prétendant nous suffire à nous-mêmes, et n'avoir rien à demander à d'autres nations, ne nous condamnerons-nous pas à ne leur rien fournir? Et notre richesse se serat-elle accrue quand les échanges deviendront plus rares et finalement impossibles?

« L'industrie française voudra tout naturellement imposer ses produits à la colonie, qui exigera des compensations, et nous voici menacés de retomber dans les désastres du vieux système colonial. Il faudra des tarifs protecteurs, contre lesquels on réclamera toujours, tant qu'ils ne maintiendront qu'une rigoureuse égalité, et qui seront des prohibitions déguisées s'ils dépassent la juste limite. Les émigrés de France manqueront à leur pays; leur consommation sera seulement déplacée; les indigènes, presque tous indomptés ou indomptables, préférant des relations entretenues par la similitude des religions, des usages, des besoins, se pourvoiront ailleurs tant qu'il restera des souverainetés musulmanes dans notre voisinage, et ils iront d'autant plus loin rechercher les produits d'une autre industrie, que les tarifs protecteurs de la nôtre seront plus efficaces, c'est-à-dire plus élevés.

« Les avantages que l'occupation définitive paraît devoir assurer au commerce se présentent avec moins d'incertitude; de sages dispositions assureront sans doute à la navigation française le juste privilége des transports entre la colonie et la métropole, et des avantages raisonnables dans les rapports maritimes avec d'autres pays. Plus de matelots se formeront ainsi dans la navigation marchande, au grand profit de l'État; des voies nouvelles pourront s'ouvrir un jour aux relations avec l'Afrique centrale, et nous pourrons les tenter quand notre puissance s'étendra jusqu'aux limites du désert, quand les peuples nombreux et riches qui habitent au-delà reconnaîtront pour voisin un autre peuple civilisé, assis pour toujours sur le littoral, et lui-même placé au milieu de toutes les nations européennes.

« Sous le rapport financier, la colonie ne sera long-temps qu'un fardeau pour la France; jamais peut-être la métropole ne trouvera dans les revenus publics du pays l'équivalent des charges qu'elle doit s'imposer; qui sait même si l'on n'en viendra pas bientôt à reconnaître qu'il vaut mieux renoncer à tout impôt, afin de hâter, s'il se peut, un avenir qui doit coûter si cher. Pour se résigner, pendant une longue suite d'années, à des sacrifices pesans au budget français, il faut être profondément affecté par la perspective plus ou moins éloignée d'avantages qui, s'ils ne peuvent être évalués en argent, n'en doivent pas moins déterminer les résolutions d'un grand peuple.

« La possession de deux cents lieues de côtes

sur une mer où s'agiteront souvent les grands intérêts européens, à quatre journées de l'un de nos plus grands ports militaires et de la plus riche de nos villes de commerce, des positions maritimes, des ports nombreux d'où l'on peut appuyer des mouvemens offensifs et défensifs dans le midi de l'Europe ou le nord de l'Afrique, un moyen puissant d'assurer à notre marine de nouveaux développemens, enfin l'agrandissement de la puissance française, et en particulier l'accroissement si nécessaire de notre influence affaiblie dans les affaires d'Orient : voilà un magnifique dédommagement.

« Vingt années au moins de patience, quelques centaines de millions, une armée d'occupation qui suffirait à garantir la sécurité d'une de nos frontières, et nous faillirait un jour contre nos ennemis du continent; une plus grande consommation d'hommes dans les rangs de cette armée, des embarras probables dans quelques unes de nos relations diplomatiques : tels sont les inconvéniens et les charges auxquels il se faut résigner, pour des résultats malheureusement incertains.

« Comment, en effet, ne pas s'effrayer de la mobilité, de l'impatience qui nous sont si naturelles, des modifications et des transformations dans nos systèmes politiques ou dans les agens les plus élevés du pouvoir? Pour la chose la plus difficile au monde, une entreprise de longue haleine, ouvrage lent et progressif du temps et d'une habile persévérance, la fondation d'une colonie, disons-le, parce que cela est vrai, les conditions capitales nous manquent. Pour nous, tout devrait pouvoir se faire en un jour, être pour ainsi dire coulé en bronze. A des jours donnés, nous affrontons tous les périls, nous acceptons toutes les nécessités, et nous nous mettons hardiment à l'œuvre; mais bientôt nous délaissons comme une illusion ce que nous avions passionnément embrassé comme une réalité.

« Ce n'est pas tout : le succès du grand ouvrage que nous allons entreprendre tient au concours le plus absolu de volontés et d'efforts, au maintien d'une longue paix, au bon choix des hommes, à un seul homme peut-être. Cet homme, capable et loyal, sans précédens fâcheux qui éloignent la confiance, qui n'ait point une fortune à faire ou de mauvaises affaires à rétablir; cet excellent citoyen, qui, se dévouant au bien de son pays, acceptera une mission qu'il comprendra bien et remplira en conscience, le trouvera-t-on? Et si une fois on a la main malheureuse, voudra-t-on, pourra-t-on recommencer l'expérience?

« La raison n'est donc pas satisfaite, et le conseil de coloniser échappe à des convictions mal assurées. Il faut compter nécessairement sur le hasard; il peut faire surgir les hommes de cœur ou de génie qui voudront associer leurs noms à la civilisation de l'Afrique du nord. Les circonstances peuvent être constamment favorables, et les événemens justifier, dans leurs combinaisons inespérées, une concession en quelque sorte arrachée par le cri public. Peut-être, après tout, est-il plus sage et plus utile de ne point froisser l'orgueil national, qui inspire les grandes pensées et enfante les grandes choses; mais l'opinion elle-même ne nous reprochera-t-elle jamais de lui avoir cédé? »

M. Laurence reconnaît que *la raison n'est pas satisfaite*, que *le conseil de coloniser échappe à des convictions mal assurées*, qu'*il faut compter sur le hasard;* mais *le cri public lui arrache une concession* que sa raison repousse, il cède à l'opinion, tout en craignant que *l'opinion elle-même ne lui reproche* plus tard sa faiblesse. M. Laurence est envoyé en Afrique pour en rapporter son opinion, de lui, M. Laurence, et il en rapporte l'opinion de la France. C'est véritablement jouer au propos interrompu.

Il est vrai que M. Laurence fonde ses espérances *sur le hasard, qui peut faire surgir des hommes de cœur et de génie;* sur l'appui *d'un seul homme peut-être*, d'un homme comme on en voit peu, d'un homme enfin comme on n'en voit pas. A juger par les résultats obtenus, cet homme n'est pas encore trouvé, à moins que M. le directeur des affaires d'Afrique, retournant sur lui-même sa lanterne désespérée, ne se soit écrié : Le voilà !

Quant à nous, nous répétons en 1838 ce que nous avons dit en 1833, 1834, 1835, 1836 et 1837 : ON NE COLONISERA PAS. La raison en est que la colonisation est impossible. Nous avons démontré cette impossibilité dans l'ouvrage que nous avons publié l'an passé. Nous avons démontré, par les exemples historiques et par le raisonnement, que le premier pas à faire vers la colonisation était l'extermination des indigènes. Aujourd'hui M. le directeur des affaires d'Afrique paraît saisi d'un redoublement colonial, comme M. Bernard est saisi d'une fièvre guerrière; le point de l'extermination des indigènes est le plus urgent à traiter.

Extermination des indigènes nécessaire.

Nous allons donc parler de l'extermination des Arabes. Que l'on ne se récrie pas; l'on verra tout à l'heure que nous sommes entrés dans ce système plus avant qu'on ne pense.

Le Gouvernement a lui-même ouvert la discussion sur cette mesure, en consignant les paroles suivantes dans les instructions pour la commission d'Afrique : « Le système de l'expulsion violente des indigènes, de l'occupation pure et simple du territoire, de la substitution actuelle, immédiate, d'une population européenne à celle qui existe, a été sérieusement proposé; la commission pourra se rendre compte jusqu'à quel point il serait praticable, et si, en admettant que la civilisation de nos jours pût consentir à procéder ainsi, la soumission de la Régence par un gouvernement qui avouerait ce système n'exigerait pas un déploiement de forces et une profusion de dépenses hors de proportion avec le résultat, non moins qu'avec les moyens qu'il conviendrait à la France d'y consacrer[1]. » La question ne pouvait pas être mieux posée. Le maréchal Clauzel, en 1833, s'adresse en ces termes à M. Desfontaines, qui, en 1784, avait fait un voyage en Afrique : « Le caractère des habitans vous semble-t-il tel qu'aucun rapprochement ultérieur ne soit possible entre eux et les colons, et qu'il faille de toute nécessité les détruire pour occuper le sol? » M. Desfontaines répond que *cette question est embarrassante pour lui*. En effet, cet excellent homme était allé en Afrique étudier la flore du pays.

Enfin M. Bernard, bien malgré lui sans doute, faillit devenir, l'année passée, l'ange exterminateur de l'Afrique. Il dit dans l'exposé des motifs de la loi des crédits de 1838 : « On devait donc se résigner à refouler au loin, à exterminer peut-être les populations indigènes. » Si M. le Ministre s'arrêta devant cette tâche, l'exposé des motifs

[1] *Instructions pour la commission envoyée en Afrique*, page 3.

indique que les scrupules sont levés, et que nous allons reprendre notre œuvre. Cette année, c'est naturellement le tour de la province d'Oran. L'an passé nous sommes allés dans celle de Bône. M. Bernard écrit au maréchal Vallée : « *Le moment des grandes entreprises et des grands sacrifices* paraissant venu, je désire que vous me transmettiez, dans le plus bref délai possible, toutes les propositions.... [1] »

Refoulement des indigènes.

Quant au refoulement, je m'explique peu comment M. le Ministre de la guerre, qui doit avoir quelques renseignemens sur l'Afrique, et qui a habité si long-temps les États-Unis, a pu confondre les différentes phases de la civilisation des peuples, et croire que l'on peut agir avec un peuple agricole comme on le fait avec un peuple chasseur. Si ce dernier peut abandonner quelques parties des immenses pays qu'il parcourt, dans lesquels il ne connaît pas d'établissement fixe, et auxquels il n'est attaché par aucun résultat de son travail accumulé, en est-il ainsi du peuple agricole qui, même à l'état nomade, est entravé dans sa marche, ne fût-ce que par ses bestiaux? Est-il bien surprenant que le chasseur américain, inquiété sur les bords de l'Atlantique, se soit replié sur le continent dont la profondeur incommensurable lui offrait les mêmes ressources que

[1] Dépêche du 10 décembre 1837.

la partie qu'il abandonnait? Son fusil était son seul mobilier; il quittait des forêts et des prairies pour des forêts et des prairies; il n'avait pas changé de demeure : partout il trouvait les mêmes vertes toitures, qui ne lui étaient disputées par personne. Et, cependant, l'on sait quelles guerres acharnées ces différentes peuplades ont faites aux Européens depuis trois cents ans. L'on peut prévoir la résistance de ces nations lorsque, rapprochées les unes des autres par le refoulement, elles connaîtront mieux leur force et prendront plus d'inquiétude de leur avenir. En 1836 le général Call s'était porté avec des forces considérables contre les Florides, le *Courrier des États-Unis* du 8 octobre faisait connaître le but de l'expédition : « Pour arriver à la conquête de la Floride, et en chasser les malheureux Indiens, il faudrait une armée permanente qui s'échelonnerait de distance en distance, en travers de la presqu'île, et s'avancerait en établissant des blockhaus et en chassant les Indiens devant elle, jusqu'à l'extrémité de la presqu'île, où ils seraient forcés de se rendre à discrétion. » Ce plan de campagne a échoué, le général qui a succédé au général Call a déclaré que les Indiens ne pourraient être chassés qu'avec une perte considérable d'hommes, d'argent et de temps, et il a été autorisé à les y laisser.

Mais, dans l'Algérie, nous n'avons pas affaire à des chasseurs, mais bien à une population agricole. Tout le pays est occupé. Les cultivateurs sédentaires ont leurs habitations, qu'ils ne peuvent emporter comme le chasseur son fusil. Les cultivateurs nomades ont leurs tentes et leurs troupeaux : si une tribu est refoulée, elle arrive sur le territoire d'une autre tribu qui aussi a ses tentes et ses troupeaux, et derrière ces tribus se trouvent les sables du désert, c'est-à-dire la mort pour tous les êtres animés. Les colonistes pensent-ils, eux qui sont si ardens à conquérir des terres nouvelles, que les Arabes abandonneront les leurs et se dévoueront à la mort? Pour moi, je ne le pense pas, et voici la position respective des deux parties : les colonistes chercheront à refouler les Arabes dans le grand désert, et les Arabes chercheront à refouler les colonistes dans la Méditerranée.

Cette idée de refoulement a été condamnée par toute personne qui tient à laisser aux mots leur valeur. Ainsi le général Brossard, qui a passé plusieurs années au milieu des populations que l'on nous propose de refouler, et qui disposait des moyens avec lesquels le prétendu refoulement devrait avoir lieu, s'exprime ainsi : « Si, pour refouler les tribus et les tenir éloignées de nos établissemens, vous les attaquez avec des forces considérables, elles fuiront devant vous, ne laissant derrière elles que la terre, l'air, le feu et l'eau. Obligés de traîner les blessés et les vivres à la suite

de l'armée, sans moyens de transports auxiliaires, sans routes et sans communications établies, la faim, la soif et la maladie feront leur office; l'armée expéditionnaire reviendra à Alger, mais les Arabes avec elle. Les catastrophes des temps anciens deviendront de l'histoire moderne; les enfans de la France seront décimés, la gloire de la patrie compromise, ses trésors épuisés, et la France lassée abandonnera l'Afrique[1]. »

Saura-t-on comprendre par ces paroles si nettes quelles sont les difficultés du refoulement, expression mensongère destinée à déguiser les vues d'extermination?

Extermination des indigènes.

Quant à ce dernier système, il a été décrété le jour où l'on a mis en présence les deux nationalités arabe et française. Car si la nationalité arabe ne veut pas se soumettre, il faut que la nationalité française l'anéantisse.

Nous insistons sur ce point, car nous voyons une nouvelle école se former, proclamant la guerre comme un bien, attribuant à ce fléau des résultats qui lui sont étrangers. Cette école pense être profonde en enseignant que la civilisation ne peut marcher que les pieds dans le sang. Elle a jugé l'histoire comme on l'écrivait avant Voltaire, et n'y a vu que des batailles. Si elle l'avait étudiée avec un esprit philosophique, elle aurait

[1] *Moyens d'assurer la sécurité du territoire d'Alger*, p. 11.

pu distinguer les rapports qui existent entre les luttes physiques et les progrès de l'humanité, et n'aurait pas confondu les effets avec les causes.

Nous ne pouvons encore penser qu'un instinct sauvage, qui nous ferait reculer vers les premiers âges du monde, puisse l'emporter sur les sentimens bienveillans et éclairés qui font la gloire de notre siècle. Nous ne verrons pas des intelligences distinguées se rétrécir tout à coup dans les proportions mesquines d'une nationalité égoïste, et renfermer l'application de leurs principes dans la circonscription de leur pays ; nous ne verrons pas des fanatiques de nationalité se porter contre la nationalité arabe pour l'étouffer. Les philanthropes qui demandent à grands cris l'abolition de l'esclavage, l'abolition de la peine de mort, se ruer sur un peuple pour le décimer et l'asservir ! Les partisans de l'indépendance de la Pologne faire en masse sur les Arabes ce que Nicolas fait en détail sur les Polonais ! Non non, la France libérale ne sera pas hypocrite et parjure, elle ne livrera pas ses principes au mépris ou à la risée de ses ennemis.

Les intelligences du pays ne l'entraîneront pas dans une si funeste erreur. Mais quand elles le voudraient, elles n'y parviendraient pas. Le pays chaque année fait une descente en Afrique. Chaque année le recrutement porte de nouvelles victimes à ce nouveau minotaure, mais toutes ne périssent pas; un grand nombre revient, pour l'instruction de la France, rapportant la maladie dans les yeux, mais la vérité dans le cœur. La vérité s'étend périodiquement, et le moment n'est pas éloigné où le pays reconnaîtra la vraie nationalité et repoussera une guerre anti-nationale et impie.

La guerre d'Afrique n'est pas nationale.

Le maréchal Clauzel, dans une lettre du 17 mars 1836 insérée dans la *Nouvelle Minerve* du 27 du même mois, s'exprimait ainsi : « Je voudrais que vous eussiez vu les troupes que l'on m'envoya, il y a quelques mois. *Ces braves soldats, tout résignés qu'ils étaient, avaient l'air de gens qui vont à un sacrifice.* » Telle n'est pas l'attitude des enfans de la France dans une guerre nationale; lorsque nos soldats de la République étaient en présence de l'ennemi, ils n'avaient pas l'air de gens qui vont à un sacrifice, et le chef, au lieu d'exciter leur ardeur n'avait d'autre tâche que de la modérer.

Écoutez le capitaine Grand : c'est du tombeau qu'il vous envoie ces paroles de vérité : « *Le soldat sera dès lors moins hostile à la colonie...* qu'on ne vienne pas se récrier sur ces mots, ils ne laissent pas que d'être vrais; ce sentiment est naturel. Sans aucun doute le soldat conserve une attitude très digne d'éloges, tout en se livrant à des travaux ingrats, et sa présence seule dans le pays autorise celle des colons; il ne peut en être autrement; mais cependant il souffre, se fatigue et s'ennuie dans une contrée où il mène, il faut le dire, une vie misérable et *habituellement sans gloire*, sans aucun des brillans dédommagemens que la guerre offre presque toujours ailleurs. *Il reporte son humeur sur ceux qui semblent le retenir ici*; et il y est d'autant plus disposé qu'il se trouve parmi eux des hommes qui sont au moins injustes à son égard, et qui devraient être les derniers à élever la voix [1]. »

Non, la guerre d'Afrique n'est pas nationale pour la France. Il a fallu, pour exciter dans nos cœurs des mouvemens de nationalité, éveiller notre susceptibilité par le désastre de la Macta, de la Tafna et de Constantine. Aujourd'hui que ces échecs sont reparés, espérons que plus de prudence éloignera de nous d'aussi mauvais jours.

Si la guerre d'Afrique n'est pas nationale pour nous, elle est nationale pour les Arabes, pour eux elle est religieuse. Ces deux mots expliquent les difficultés morales que nous avons à vaincre.

Les autres difficultés ne sont pas moins grandes.

La guerre d'Afrique est difficile.

Pour faire une expédition, la France entière doit s'émouvoir, les Chambres discuter, la Marine enfler ses voiles, un nouveau général tenter une nouvelle tactique. Le chef arabe est toujours le même, il a la confiance des siens. Son armée

[1] *Notes laissées par le capitaine Grand*, p. 68.

est dispersée à Tlemecen, son coursier l'emporte sur le Chelif, il se trouve ensuite sur la Tafna. En Afrique, l'armée c'est la population, partout le chef trouve des soldats, et des soldats croyant en lui.

Que peut notre supériorité militaire? Que peut la tactique européenne contre un ennemi insaisissable, qui fait aujourd'hui la guerre comme il la faisait aux Romains? On veut le battre, soit; mais pour cela il faudrait joindre cet ennemi si léger, et le pouvons-nous, *même avec les colonnes légères du général Bugeaud,* qui traînent avec elles 42 jours de vivres[1]? Dans ce pays tout nous échappe, « les femmes, les enfans, le bétail fuient à notre approche avec une extrême légèreté[2]. » Nous nous trouvons en présence de douars abandonnés, et ne voyons l'ennemi qu'à distance.

Le soldat français ne calcule ni dangers, ni difficultés. Il marche à la voix de ses chefs là où on lui indique un ennemi, là où on lui montre de la gloire à conquérir, là où on lui présente les intérêts du pays à défendre. Lors même qu'on l'abuse sur tous ces points, il n'en expose pas moins sa poitrine au fer de l'ennemi, il ne s'en dévoue pas moins tout entier à toutes les souf-

[1] *Mélanges du général Brossard*, p. 33.

[2] *Mémoire sur notre Établissement*, par le général Bugeaud, p. 45.

frances, à toutes les misères. Mais ceux qui ont ou s'arrogent la terrible responsabilité de disposer ainsi de leurs semblables, de leurs concitoyens, doivent descendre dans leur conscience avant de décréter ces solennels sacrifices. Ils doivent en sentir profondément l'indispensabilité, et ils doivent mesurer les difficultés à vaincre.

Quelles sont donc les difficultés matérielles de la guerre d'Afrique?

« Le moment propice pour se mettre en campagne est très difficile à saisir. Pendant une partie de l'année l'on a à craindre les pluies; pendant l'autre la chaleur ardente du soleil et l'humidité des nuits qui produisent des dyssenteries souvent mortelles. Le pays n'offrant aucun abri contre les intempéries des saisons, où est exposé à toute leur rigueur; souvent même on ne trouve pas de bois pour faire du feu, on est obligé de porter avec soi des subsistances et même de l'eau pour faire vivre l'armée pendant toute l'expédition; on a calculé que, pour porter les subsistances, l'eau et le matériel d'une armée de 10,000 hommes qui serait en campagne pendant 20 jours, il faudrait 2500 mulets ou l'équivalent[1]. » C'est ainsi que s'exprime un officier distingué, M. le comte Walewski.

Dangers de chaque saison.

M. Bernard, Ministre de la guerre, est encore

[1] *Un mot sur la Question d'Afrique.*

plus explicite sur l'époque la plus favorable pour entreprendre des campagnes en Afrique. « A cet égard, j'avoue qu'il est extrêmement difficile en Afrique de préciser l'époque, la saison à laquelle une expédition doit être faite. Qu'elle se fasse au printemps, en été, en automne ou en hiver, chacune de ces saisons peut être fatale, dans des circonstances données, à une armée. — Si l'expédition se fait en hiver, les pluies!... — Mais on dit : Il faudrait la faire en avril. J'avais regardé le mois d'avril comme pouvant être très favorable. Eh bien! dernièrement il a été excessivement pluvieux, et il aurait été impossible d'opérer. — On m'a dit : En été, parce qu'alors on peut menacer les Arabes de brûler leur moissons, imposer aux Arabes. Mais on ne trouve pas d'eau, on peut mourir de soif, nos malheureux soldats peuvent être frappés par le soleil; et en effet, on a vu, pendant l'expédition du général Bugeaud, des hommes frappés sur le terrain. — En automne, dit-on encore, après les récoltes, à l'époque où les silos sont remplis, où l'on trouve des vivres partout. Mais c'est la saison des fièvres : notre armée peut être décimée par les fièvres [1]. » D'après ces paroles, j'aurais cru que M. Bernard aurait cherché une cinquième saison, mais il

[1] Discours à la Chambre des Députés, *Moniteur* du 21 avril 1837.

paraît qu'il préférera essayer de chacune des quatre déjà connues; il aurait dû commencer par le printemps : s'il veut absolument guerroyer, je l'engage à le faire du 10 mai au 25 juin, c'est alors que nos soldats ont le moins de chances contraires. S'ils sont exposés aux fièvres cérébrales et à la nostalgie, qui affectent un certain nombre d'entre eux, la masse échappe aux fièvres. Les chevaux au moins trouvent quelque nourriture en avançant; si le Gouvernement représentatif ne nous permet, à cause des discussions des Chambres, que la guerre d'automne, que M. Bernard renonce tout-à-fait à la guerre, car nous ne pouvons renoncer au Gouvernement représentatif.

Lorsque le même Ministre avait dit que nous trouvions en Afrique au moins de l'air et de l'eau, j'avais protesté; car souvent l'air est mauvais, et il ne serait pas mal d'en emporter de France, pour certaines localités de notre nouvel Eldorado, qui ont été si funestes à nos malheureux soldats[1], telles que la ferme-modèle, la Maison-Carrée et les bords de la Seybouze. Quant à l'eau, M. le Ministre a reconnu bientôt qu'elle manque à nos armées, et que c'est un des objets à porter avec soi dans une campagne. M. le maréchal Clauzel avait constaté le même fait en écri-

[1] M. Genty de Bussy, tome Ier, p. 262.

vant à M. le Ministre de la guerre le 30 août 1835 : « Le pays que nous avons à traverser pour aller d'Oran à Mascara *est sans eau*, il faut donc en emporter pour deux jours ; » mais les moyens de transport ne permettant pas de le faire en suffisante quantité, l'armée manque d'eau dès le premier jour, et pendant toute la campagne. M. Berbrugger, secrétaire de M. le maréchal Clauzel, avait constaté le fait en disant : *Nous manquions d'eau et de bois*[1].

M. Bresson, intendant civil, disait à la Chambre des Députés : « En Afrique, après une journée accablante, le soldat ne trouve point d'abri, point de vivres, souvent *point de bois* et *point d'eau* pour cuire ceux qu'il emporte avec lui[2]. »

Le manque de bois s'est fait bien autrement sentir dans la campagne de Constantine ; on voit, dans le rapport sur le désastre de 1836, que « le froid devint excessif ; beaucoup d'hommes eurent les pieds gelés, beaucoup d'autres périrent pendant la nuit, car *depuis le Raz el Akba on ne trouve plus de bois*. Les Arabes, qui en général ne font que de petits feux, se servent ici de fiente d'animaux ; nos soldats, n'ayant pas même cette ressource, eurent recours aux chardons[3] : » aussi

[1] *Relation de l'Expédition de Mascara*, par M. Berbrugger, secrétaire de M. le maréchal Clauzel, p. 66.

[2] *Moniteur* du 23 avril 1837.

[3] *Moniteur algérien* du 24 décembre 1836.

dans la campagne de 1837, nos soldats, déjà chargés de pain pour douze jours, de riz pour quatre, et de sel, sucre et café pour huit, ont-ils dû *apporter sur leur sac du bois pour cuire leurs alimens et se sécher*[1], quand la pluie toutefois permettait de faire du feu; et les soldats les plus prudens, voyant avec inquiétude la petite provision de leur combustible, y joignaient par supplément un bâton de pèlerin, après avoir mis leur fusil en bandoulière.

Telle est l'extrémité à laquelle la cupidité des colons réduit nos malheureux soldats; mais il faut tout attendre de ces cœurs que la soif de l'or dessèche. Leur organe à Paris, frappé des embarras qu'occasionne la marche des parcs de bestiaux, se demande si *on ne pourrait pas assujettir les soldats à se passer, du moins pendant la durée des expéditions, de distributions de viande*[2], et à y substituer du riz, des légumes ou du lard; heureusement que le conseil de santé a hésité à *demander au soldat le sacrifice de ses habitudes, au milieu des fatigues et des privations qu'il endure.* Souvent la nécessité amène forcément ces rudes épreuves. En décembre 1836, au moment où la *Revue africaine* proposait son

Difficultés des approvisionnemens.

[1] Rapport de M. d'Arnaud, intendant militaire, 19 octobre 1837.

[2] *Revue africaine*, décembre 1836, p. 40.

nouveau régime alimentaire, les troupes d'Oran ne pouvant plus avoir leurs distributions de viande, « l'administration crut remédier à ce déficit par une augmentation de légumes secs. Ce régime ne pouvait être continué sans amener l'anéantissement des forces physiques du soldat[1]. » Il fait bon voir nos colonistes de Paris, bien nourris à ne rien faire, prêcher l'abstinence à nos soldats; mais ceux qui ont senti la fatigue du corps dans le pays d'Afrique savent que notre tempérament du nord a besoin d'une nourriture abondante et régulière. L'Arabe, habitué aux privations, au climat, supporte les maux que lui impose la défense de sa patrie; et d'ailleurs, son service cesse au moment où sa provision est épuisée; sa cause n'en est pas perdue pour cela; il se retire chez les siens, et trouve partout les ressources que la guerre n'a pas détruites; il découvre le silo sur lequel nous avons bivouaqué en périssant de faim. Nous, au contraire, notre attitude militaire doit être incessante; un pas en arrière est un échec; et lorsque nos fautes nous ont ramenés au point de départ, c'est en Espagne que nous devons aller chercher des bœufs, c'est le blé d'Odessa que nous devons donner à nos soldats, c'est de France que nous devons faire ve-

[1] *Quatre-vingt-deux jours de commandement*, par le général Brossard, p. 9.

nir la paille de couchage pour nos hommes et la nourriture de nos animaux. Et n'espérez rien de vos alliés ; leur trahison vis-à-vis de leurs co-réligionnaires les a marqués au front : ils sont condamnés. « Les Arabes alliés, resserrés sous le canon de la place d'Oran, n'avaient pas même au dehors l'espace nécessaire pour le pâturage des troupeaux. Les chevaux des Douaires et des Smelas périssaient, faute de fourrages. Le peu de grains que les cavaliers arabes pouvaient se procurer ne suffisaient pas au soutien de leurs familles. Leur position n'était plus tenable, leur désertion était imminente [1]. »

Que seraient devenues nos garnisons affamées, et de Tlemecen, cette clef sans porte de l'Algérie ; et de la Tafna, ce nouvel ossuaire de Morat ; et d'Oran, la ville espagnole, « si, par un acte de sa volonté qui serait la plus insultante dérision s'il n'était dicté par un calcul intéressé, l'émir lui-même n'eût consenti à nourrir les soldats qu'il assiége [2] ? »

Moyens de transport.

« Les moyens de transport, quels qu'ils soient, sont, en Afrique, les premiers besoins pour faire la guerre, puisqu'une troupe doit y faire traîner

[1] *Quatre-vingt-deux jours de commandement*, par le général Brossard, p. 9.

[2] Discours à la Chambre des Députés, de M. Bresson, intendant civil. (*Moniteur* du 23 avril 1837.)

tout avec elle pour vivre et se traiter, sous peine de périr de faim et de misère, et elle ne doit jamais compter sur les ressources du pays [1]. » C'est ainsi que s'exprime un intendant militaire qui a été long-temps chargé du service de la Régence; et il entre dans le détail de toutes les difficultés qu'on éprouve.

Voitures. Le pays n'ayant pas de routes, l'emploi des voitures est limité et devient dangereux en cas de mauvais temps; les terres défoncées arrêtent la marche des prolonges; en tout cas, il faut des attelages disproportionnés pour leur effet utile.

Les transports doivent donc être faits, dans la plupart des circonstances, à dos de bêtes.

Chameaux. La province d'Oran nous a fourni quelques ressources en chameaux; mais cet animal est difficilement conduit par nos hommes, et il y a danger de le confier aux indigènes. Dès qu'il sent l'eau, il hâte le pas, et s'y précipite avec sa charge, qu'il court risque d'endommager en se heurtant avec ses voisins, ou d'avarier par l'immersion. Il trouble l'eau, qui cesse d'être potable pour le soldat. Le chameau ne peut servir au transport d'éclopés, de malades et surtout de blessés : l'allure saccadée de cet animal ajoute à leurs souffrances.

Mulets. La plus grande partie du service des transports

[1] Rapport de M. Melcion d'Arc, du 29 août 1836.

se fait au moyen des mulets, et encore le général Bugeaud estime-t-il qu'il faudra descendre à l'âne, *qui se nourrit partout, et n'exige pas à beaucoup près autant de soins que le mulet*[1]! Fortuné pays! Anes.

Il ne faut pas perdre de vue que, quel que soit le mode de transport que l'on adopte, quel que soit l'animal auquel on accorde sa prédilection, leur nombre doit être d'autant plus considérable qu'ils doivent traîner ou porter leur propre nourriture. « L'obligation de faire transporter des fourrages sur chaque voiture pour l'approvisionnement des chevaux dont elle était attelée, nous a contraints à borner les chargemens à leur taux réglementaire[2]. »

Il n'est pas aussi facile qu'on le pense de se procurer les animaux dont on a besoin. — Si l'on compte sur les bons offices des indigènes, on s'expose à d'étranges mécomptes. Lors de l'expédition de Mascara, nous avions frété tous les chameaux de nos alliés; mais au moment du départ, leurs propriétaires les entraînèrent dans une autre direction; de sorte qu'il fallut faire une campagne préparatoire, une sorte de battue de chameaux, qui heureusement en produisit six cents. — Lors Ressources indigènes.

[1] *Etablissement dans la province d'Oran*, p. 19.

[2] Rapport de M. d'Arnaud, intendant militaire, 19 octobre 1837.

de l'expédition de Constantine, notre bey *in partibus* nous avait promis quinze cents mulets, et nous en fournit cent vingt-cinq; de là, la cause première de nos désastres; nous manquâmes de tout dans cette expédition; nous avions abandonné les échelles de siége avant d'arriver à Guelma.

Ne pouvant nous fier aux indigènes, nous avons recours au budget, qui, lui, est habile et fidèle, pourvu toutefois que les contribuables de France ne lui fassent pas défaut. Mais cette

Dépenses en 1837.

espèce d'indigènes est plus maniable que l'autre; c'est avec leur aide qu'en 1837, nous avons, au moyen de crédits ordinaires, supplémentaires et extraordinaires, fourni à l'Afrique pour 2,265,580 francs d'animaux de bât, selle ou trait, achetés à Tunis, en Sardaigne et en France, sans compter le harnachement, et une somme de 2,493,772 francs affectés aux transports généraux. C'est à peu près ce que l'Afrique rapportera en trois ans! Cette somme n'était pas au-dessus des besoins, car nous voyons, dans le rapport déjà cité de M. d'Arnaud, que les voitures du génie et de l'artillerie avaient été chargées d'une portion de vivres, au lieu de munitions de guerre. La vérité est que l'intendance prévint, le 29 septembre, le général Damrémont que les moyens de transport manquaient. On devait partir le 1er octobre, on ne pouvait retarder le départ ni obtenir un animal de plus : on prit le parti de laisser une partie des projectiles et munitions pour prendre des vivres. Le succès de la campagne était encore compromis lors de l'assaut; on allait manquer de tout ; « encore quarante-huit heures, et pas un cheval n'aurait survécu : prince, général et soldats, tous auraient été contraints de faire la route à pied. A peine s'il restait encore quelques coups de canon à tirer par pièce... Il aurait été tout-à-fait impossible d'emmener une seule voiture, un seul canon et même un seul blessé [1]. » C'est-à-dire que l'armée entière eût péri, car elle n'aurait eu ni canon pour protéger sa retraite, ni vivres pour se soutenir : elle n'aurait trouvé sur son passage que le Kabaïle et les cendres des meules dont l'incendie avait éclairé sa route à son arrivée.

Soldats bêtes de somme.

Pour compléter le tableau des difficultés de transports en Afrique, nous rappelons l'extrémité où se trouvait le général Brossard, lorsqu'il devait à tout prix ravitailler Tlemecen : « la colonne expéditionnaire aurait vécu de la chair de ces animaux (chevaux et chameaux hors de service), et les vivres dont chaque soldat aurait été chargé eussent servi à ravitailler Tlemecen [2]. »

[1] Journal de M. Baudens ; *Revue de Paris*, 1er avril 1838.

[2] *Quatre-vingt-deux jours de commandement*, p. 10.

Il ne manquait plus à la gloire de l'Afrique que de transformer nos soldats en bêtes de somme !

Ambulances. On comprend combien ces difficultés du transport rendent pénible et souvent impossible le service des ambulances ; et, cependant, c'est en Afrique que les ambulances sont de toute nécessité. Dans nos guerres d'Europe, le blessé qui reste en arrière est secouru par les populations, et souvent est reçu dans les ambulances ou les hôpitaux de l'armée ennemie. Mais, en Afrique, l'armée ennemie, c'est la population ; une population implacable, car elle combat pour son existence ; elle recueille avec respect le blessé arabe, car il a sacrifié sa vie pour elle ; mais le blessé français est toujours son ennemi, et sa tête est le trophée de l'Arabe, comme la chevelure est le trophée des Américains. D'ailleurs que pourrait faire pour son ennemi cette population qui, dépourvue de tous moyens curatifs, ne peut donner à ses amis mêmes souvent qu'une compassion stérile ? M. le docteur Baudens rapporte, dans le journal précité, que « nous avions laissé à Mansoura cinq à six cents fiévreux : la plupart n'avaient pas même un abri sous la tente ; ils étaient couchés sur le sol encore humide, sans matelas, sans couverture, sans même un peu de paille pour reposer leurs membres. » D'autres sont heureux de trouver un lit de cailloux pour s'élever au-dessus de la fange dans laquelle l'armée est enfouie; d'autres plus heureux encore trouvent un abri sous la pierre sépulcrale. Au milieu de tant de misères, la plupart des amputés périssent. M. Baudens avait fait une opération difficile à un carabinier du 17ᵉ : « au cinquième jour, la plaie marchait vers une guérison rapide; mais alors survinrent le mauvais temps, la pluie, l'encombrement des malades, *les boues au milieu desquelles un matin je trouvai cet infortuné enseveli*[1]. »

Dans la campagne de 1836, les désastres avaient été les mêmes. « Des soldats fatigués déjà avaient de la peine à se traîner, quoique le temps fût beau; aussi, derrière nous s'offrit le spectacle le plus horrible : des malheureux, tombant pour ne plus se relever, étaient égorgés sous nos yeux! Qu'on ne nous accuse pas en ces circonstances, tout le monde fit son devoir : les chasseurs d'Afrique n'étaient plus qu'un régiment d'infanterie; officiers et soldats donnaient leurs chevaux pour les blessés et les malades; le général s'acheminait péniblement, tenant par la main des blessés, en leur conseillant de s'accrocher à la queue de son cheval; il ne pouvait le leur donner, c'était le seul qui lui restât[2]. » Mais les ambulances manquaient, et nos soldats périssaient.

[1] *Revue de Paris*, 1er avril 1838.

[2] Déposition de M. de Vernon dans le procès du général de Rigny.

Hôpitaux. Aux termes d'une expédition, sommes-nous plus heureux? pouvons-nous donner secours aux blessés, aux malades qui tombent dans nos rangs? quelles ressources avons-nous trouvées à Médéah, Mascara, Tlemecen, Constantine? Que peut faire le dévouement du chirurgien, du médecin, lorsque son malade ne peut même trouver d'abri?

Mais enfin à Alger, Bône, Oran, nos malheureux soldats trouvent-ils à reposer leurs membres malades, à rétablir leur santé altérée?

A Alger, il y a conflit pour l'emplacement des hôpitaux; le génie militaire, voulant considérer Alger comme ville de guerre de première classe, prétend que les hôpitaux doivent être intrà muros. L'intendance conteste la classification invoquée par le génie et veut que les hôpitaux soient établis extrà muros, attendu que l'expérience a démontré que la mortalité y est beaucoup moins considérable. En attendant la solution du problème, les dépenses destinées aux améliorations des hôpitaux passent aux fortifications de la Tafna.

A Bône, le mauvais état ou le défaut de bâtimens conspirent avec le climat contre la santé des valides et la vie des malades. « Les maisons insuffisantes sont traversées par la pluie, et une partie des troupes est, avec de la paille, sous des tentes insuffisantes aussi [1]. » Depuis long-temps on devait

[1] Lettre de M. Melcion d'Arc au Ministre, 2 nov. 1836.

faire venir de France des baraques de bois pour recevoir nos malades. M. le Ministre de la guerre a annoncé à la Chambre des Pairs, le 5 janvier 1838, qu'il avait expédié de Toulon une lieue et demie de long de baraquement ayant cinq mètres de large, et que nous avons pu recevoir et faire traiter dans cet établissement de 1,500 à 2,000 malades. M. le Ministre a donné l'ordre sans doute, mais les malades n'ont pas été logés, ou leur nombre dépassait les prévisions de M. le Ministre : M. le Ministre aurait dû préciser l'endroit occupé par sa lieue et demie d'hôpital; lors du deuxième convoi de retour de Constantine, rien de semblable n'avait frappé les yeux de ceux qui cherchaient un abri. Il périssait alors à Bône un bataillon par mois.

Mais au moins si vous ne pouvez les soigner en Afrique, renvoyez en France ces malheureux malades. « Chaque jour, dit un officier de santé d'Oran, nous constatons l'effet déplorable du retard produit par le manque de navires dans l'évacuation de nos malades sur France. Ceux qui, pour cause de nostalgie, ou d'affections incurables sous le climat d'Afrique, ont embrassé l'espoir légitime de retourner prochainement dans le pays natal, sentent leur force vitale faiblir successivement lorsqu'ils voient les semaines, les mois s'écouler dans une déception continuelle; bientôt leurs souffrances se multiplient, ils tom-

Évacuation de malades sur France.

bent dans une effrayante maigreur, se plaignent amèrement; ou bien leurs regards désespérés peignent seuls le triste état de leur moral... Parfois, à la fin de la vie, qui est si souvent prophétique, un malheureux se soulève avec effort pour déclarer que, s'il ne part pas sous tant de jours, il expirera; en effet, il expire épuisé par une résistance que rien ne soutient plus. » A Bône, des douleurs encore plus cruelles s'expriment ainsi par la bouche d'un autre chirurgien. « L'espérance seule du retour vers la mère-patrie produisait sur nos soldats une amélioration surprenante; l'annonce du départ d'un bâtiment leur imprimait une impulsion électrique....... Tous s'étudiaient à dissimuler leur faiblesse et à ramener sur leurs lèvres pâles et décolorées le sourire qu'en avaient chassé depuis long-temps les souffrances, afin de tromper l'œil observateur du chirurgien de marine, peu disposé à prendre à bord ceux qui lui semblaient incapables de supporter la traversée... Et comment rester insensible aux prières d'un moribond dont l'œil humide se tourne vers la France, son pays, comme pour nous demander une mère attendant au village un fils qu'elle ne doit plus revoir [1] ! » Un officier de mérite, chargé d'une inspection spéciale, faisait, à

[1] *Maladies épidémiques du nord de l'Afrique*, par M. Ducoux, chirurgien-major au 55e régiment; p. 36.

la fin de 1836, au Ministre de la guerre, un rapport où on lit : « En m'informant du genre et du principe de la maladie d'un grand nombre d'hommes, j'ai pu voir que beaucoup sont, par suite des fièvres pernicieuses de Bougie et des dyssenteries de Mascara, atteints d'affections de poitrine, de marasme et de nostalgie ; la plupart de ces malades seraient sauvés s'ils pouvaient être évacués à temps sur France ; mais les moyens rares et incertains de la marine ne permettant pas de les faire partir à temps, ils continuent à coûter des journées d'hôpital sans résultat avantageux ; car la plupart y meurent après des rechutes, ou, devenus trop faibles pour supporter ensuite la traversée, ils meurent à bord ou en quarantaine : il serait peut-être bon d'avoir des gabarres spécialement affectées à ce service. » En effet, on avait eu le projet de construire un *vaisseau hôpital* pour que nos malades eussent une traversée moins pénible, mais on aura plus tôt construit des *vaisseaux écuries* pour fournir de chevaux cet insensé champ de bataille d'Afrique. En attendant une meilleure organisation, qu'arrive-t-il ? Un convoi de malades part de Bône, on le dirige sur Alger ; la commission sanitaire refuse de les recevoir, sous prétexte qu'ils viennent d'un endroit atteint du choléra ; la commission sanitaire est entièrement composée de colons, et les colons, qui appellent à grands cris nos soldats pour ouvrir un nouveau champ à leurs spéculations, les repoussent, malades, car alors ils ne peuvent plus servir d'enjeu à leur cupidité. Pendant plusieurs jours, ils ont le spectacle de ces navires ballottés par une mer houleuse, et jetant par-dessus le bord ces morts auxquels on refuse même une sépulture. Leurs victimes partent pour Marseille, où les hôpitaux encombrés peuvent en recevoir une partie seulement; le surplus se réfugie à Toulon, où l'hôpital Saint-Mandrier reçoit ces débris exhumés de véritables tombeaux.

Nos soldats malades auront fait le tour de la Méditerranée, auront passé un mois en mer : combien sont partis? combien sont arrivés? Combien de victimes la mer a-t-elle reçu dans ses flots! Combien de fois, un bruit solennel, au milieu du silence de l'équipage, est-il venu serrer le cœur du moribond tremblant dans son hamac! Sur les voiles funéraires de ces cercueils ambulans, vous auriez au moins dû, messieurs les colonistes, inscrire la parole du Dante :

Lasciat' ogni speranza, voi ch' entrate.

Nombre des morts.

Lorsqu'à la tribune nous avons fait ressortir les douleurs que nous cause l'Afrique, les peines et les pertes dont chaque année elle afflige nos familles, un faux semblant de patriotisme s'est levé, qui nous a dit : Que voulez-vous! c'est la guerre! On n'aurait eu ni Zurick, ni Marengo, si on avait supputé tous les maux que la guerre entraîne avec elle. Je réponds que lors de Zurick ou de Marengo, l'honneur et l'intérêt du pays entraînaient aux armées les citoyens de toutes les classes; alors la guerre était nationale, et tous les sacrifices étaient bien acquis à la patrie en danger; alors il n'y avait et ne pouvait y avoir qu'une voix en France.

Mais dans cette guerre d'Afrique, où l'on prostitue à plaisir le sang de la France, où la cupidité des colons et l'ambition des officiers exploitent d'une manière aussi coupable le dévouement de nos soldats, nous exposerons au peuple les souffrances dont il est menacé. Nous tâcherons de le soustraire aux maux qu'appellent sur lui l'audace et la présomption de ces hommes que les malheurs passés ne peuvent instruire; les cendres des Français sacrifiés à la Guyane, au Mississipi, à Madagascar, crient encore vengeance contre les inventeurs ou fauteurs d'un colonisme insensé; ce colonisme se réveille en Afrique, et déjà contre lui s'élèvent les mânes des nombreuses victimes qu'il a saisies dans notre armée.

Continuons notre tâche.

De quelque manière que le soldat périsse, sa mort est glorieuse sans doute, puisqu'il a sacrifié sa vie à la patrie. Les dangers des guerres ordinaires rehaussent l'éclat du combat, et le soldat qui succombe n'a pas langui misérablement dans les hôpitaux. Mais en Afrique, la mort pour faits de guerre est l'exception. Le régiment de chasseurs d'Afrique de Bône, sur un effectif de 1,200 hommes, a perdu, en 1837, 418 soldats; sur ces 418, 412 ont péri par maladie, et 6 par le feu de l'ennemi. La prise de Constantine ne nous a coûté que 200 hommes. La règle, c'est la mort par le climat et par la misère, la mort d'hôpital.

Suivant le Tableau de situation de l'Algérie (p. 148), nous avons perdu dans les hôpitaux d'Afrique, depuis 1831 jusqu'à 1837, tous deux inclusivement, 16,482 hommes; en 1830 nous avions perdu, dans les hôpitaux, 1,341 hommes : cela fait 17,823 morts. En y ajoutant les soldats qui ont péri dans les combats, ceux qui, évacués sur France, périssent dans la traversée, et ceux qui viennent périr dans les hôpitaux de France, on peut estimer que l'Afrique a dévoré jusqu'à présent de 22 à 24,000 hommes. Des officiers de santé et des intendans élèvent ce chiffre beaucoup plus haut.

Nombre des malades.

Le même Tableau (p. 148) mentionne que, pendant les mêmes sept années, les hôpitaux ont reçu 224,822 malades : l'effectif indiqué (p. 126) pour ces mêmes sept années donne un total de 204,395 hommes, d'où il résulte que chaque homme est entré au moins une fois à l'hôpital, et que, pour chaque homme qui n'y est pas entré, d'autres ont plusieurs fois payé à l'Afrique ce tribut à peu près obligatoire. Ce nombre d'entrées aux hôpitaux n'indique pas le nombre total des malades. Dans la plupart des campagnes, la dyssenterie affecte plus ou moins nos troupes, et il n'est pas possible de les recevoir dans les ambulances. Ainsi les documens de la guerre sur l'exercice 1835 (p. 134) indiquent que l'ambulance de Mascara avait reçu 161 militaires, et l'on sait que toute l'armée avait été plus ou moins affectée de la dyssenterie; le 2e léger avait, à lui seul, 400 malades. Ne sont pas compris non plus les malades traités dans les infirmeries régimentaires. Certaines localités sont particulièrement funestes à nos troupes, Guelma est de ce nombre: en septembre 1837, le bataillon de tirailleurs d'Afrique était dans ces ruines. Son effectif était de 781 hommes; M. Damrémont ne put en demander que 250 pour l'expédition de Constantine: 414 étaient à l'hôpital ou à l'infirmerie régimentaire, et, disait M. Damrémont: « Parmi les hommes réputés valides, la majorité sort des hôpitaux, et beaucoup n'échapperont pas à des rechutes. » Au retour de l'expédition de Constantine, le 2 novembre, le bataillon du 11e de ligne commandé par le colonel Riban, composé d'environ 700 hommes, se trouvait réduit à 260 hommes, dont 180 tout au plus capables de supporter une marche. Le colonel Riban vint supplier le maréchal Vallée de faire un changement de garnison. Le maréchal fut obligé d'en reconnaître la nécessité et y consentit. Souvent aussi l'administration par son imprévoyance concourt, avec le climat, à la destruction de nos soldats. Comment expliquer la mesure qui a fait envoyer en Afrique le 12e de ligne, qui était atteint en France du choléra? Le voyage a développé la maladie, qui ainsi a été portée par nous à Constantine; puis nos cholériques traînant sur toute cette route, repoussés à Alger, sont revenus terminer leurs maux au point de départ en France.

L'extermination est une nécessité.

Personne plus que moi ne rend justice à la plupart des administrateurs qui ont passé par l'Afrique depuis huit ans, car personne plus que moi n'a apprécié les difficultés et les mauvaises passions qui les assiégent. Si les clameurs de la place publique d'Alger apportaient dans leur palais des paroles d'extermination, les sentimens élevés des gouverneurs gémissaient de semblables aberrations; et cependant la force des choses l'emportait, la guerre succédait à la guerre; toujours plus furieuse, toujours plus intense, quel que fût le caractère personnel et les intentions des gouverneurs qui se succédaient, quelle que fût la direction qu'ils recevaient du Gouvernement. On peut même remarquer que l'Afrique semble prendre plaisir à imposer à chacun des faits contraires à sa volonté. Ainsi M. Thiers, qui courait après la guerre, n'a pas pu la faire, tandis que M. Guizot a été contraint de prendre Mascara, et que M. Molé a subi les deux expéditions de Constantine. Le général Bugeaud avait proclamé la guerre et a fait la paix; et le général Damrémont avait proclamé la paix et il a fait la guerre.

Il est des positions forcées où l'homme a peu d'empire sur les choses, et où celles-ci entraînent irrésistiblement les hommes dans leur fatale destinée. En Afrique, l'extermination des indigènes était la nécessité de notre présence. A notre insu, nous y avons appliqué nos forces, et des forces toujours croissantes. Voici l'effectif reconnu par le Gouvernement pour chacune des années de l'occupation :

Progression des effectifs.

Années.		Hommes.		Chevaux.
1831	—	17,939	—	1,413
1832	—	22,431	—	1,810
1833	—	27,762	—	3,052
1834	—	31,863	—	4,731
1835	—	30,885	—	4,582
1836	—	31,450	—	5,050
1837	—	42,067	—	7,204

Tels sont les effectifs moyens que nous présente le Gouvernement dans son Tableau de situation; mais, à certaines époques de l'année, les forces ont été plus considérables. Ainsi elles ont été :

	Hommes.
En 1835, lors de l'expédition de Mascara...	33,226
1836, lors de la première expédition de Constantine...............	32,729
1837, lors de la deuxième expédition de Constantine...............	51,000

Aujourd'hui l'effectif n'est pas moindre.

Ces chiffres nous donnent-ils une approximation des forces que nous devrons entretenir en Afrique? Nullement. Nous savons seulement que nous sommes en progression ascendante.

En 1830, M. le maréchal Clauzel pensait qu'on pouvait conserver l'Algérie, et y fonder une colonie florissante, avec [1]...	10,000
En 1834, la commission d'Afrique, pour un système plus restreint, demandait................................	21,000
En 1835 et 1836, le budget normal parut vouloir se fixer à..............	22,921

Au mois de mai 1836, la commission du budget avait réduit l'effectif à 19,320 hommes; mais la Chambre, sur les instances de MM. Clauzel, Thiers et Maison, consentit à l'effectif de 22,921 hommes. Cet effectif, qui avait paru suffisant au mois de juin, ne l'était plus au mois d'août. Le Gouvernement

[1] *Observations du général Clauzel*, p. 9.

Hommes.

conçut alors un nouveau système de domination générale et absolue de la Régence, d'après lequel l'effectif serait porté à 30,000 hommes de troupes françaises, en y comprenant les zouaves et les spahis réguliers, et 5,000 indigènes irréguliers : total.................. 35,000

En outre, pour le cas où l'expédition de Constantine aurait été résolue, on aurait ajouté momentanément 4,000 indigènes auxiliaires, ce qui aurait porté l'effectif à.......................... 39,000

En octobre, M. de Rancé, aide-de-camp du maréchal, remet à M. le Ministre de la guerre une nouvelle note, d'après laquelle le maréchal regardait comme nécessaire d'élever l'effectif d'occupation à 42,000 hommes de troupes françaises, et 3,000 hommes de troupes indigènes : total.................. 45,000

Si vous demandez à quelle chiffre s'arrêtera cette progression effrayante de l'effectif nécessaire au système de domination de M. Clauzel, voici la réponse que vous fait son aide-de-camp : « Tous ces calculs, déjà supérieurs à ceux présentés il y a peu de temps, grossiront à mesure que l'on avancera vers un état

Hommes.

de guerre plus acharné de la part des Arabes, à mesure que leur plus grande union, et leur plus grande soumission à un même chef, les rendrait plus redoutables[1]. » Si les forces que nous devons employer contre les Arabes sont d'autant plus considérables que la guerre fera plus de progrès, il est évident qu'il n'y a que leur extermination qui puisse en arrêter le cours.

Nous sommes donc arrivés au chiffre de 45,000 hommes, qui était le chiffre du général Bugeaud en 1837[2].

Le général Bernard nous demande pour 1838[3]........................ 48,000

M. Pellissier, pour appuyer le système de fusion entre les Arabes et les Français, propose[4].................. 50,000

Le général d'Erlon, ancien gouverneur d'Afrique, et qui, en cette qualité, est habile à apprécier les difficultés du pays, pense que, pour essayer de dominer l'Algérie, il faudrait 60,000 hommes;

[1] *Explications du maréchal Clauzel*, p. 141.

[2] Discours à la Chambre des Députés, *Moniteur* du 20 janvier 1837.

[3] Projet de loi sur les crédits extraordinaires, 1838.

[4] *Annales algériennes*, tome II, p. 447.

	Hommes.
et il a soin d'ajouter que ce serait en pure perte[1]........................	60,000
M. Bresson, intendant civil, ne pense pas que l'on puisse obtenir aucun résultat avec ces 60,000 hommes, d'après le système indiqué[2].	
Le général Rogniat dit que, pour suivre ce système de domination, les Ministres seront obligés de venir demander aux Chambres 60,000 ou[3]...........	80,000

M. Pichon, intendant civil, avait, dès 1833, établi que le système de colonisation nous entraînerait à un déploiement de forces de 100,000 hommes[4].

— M. le général Demarçay, en entendant parler de 44,000 hommes, se récrie et parle de 100,000 hommes[5]. — Enfin le général Bugeaud, après avoir passé quelque temps en Afrique, abandonne ses 45,000 hommes, et en demande 80 ou 100,000 judicieusement employés[6].

[1] Discours de M. Desjobert, *Moniteur* du 20 janvier 1837.

[2] Discours à la Chambre des Députés, *Moniteur* du 24 avril 1837.

[3] Discours à la Chambre des Pairs, *Moniteur* du 24 juin 1837.

[4] *Alger sous la domination française*, p. 314.

[5] *Moniteur* du 9 juin 1837.

[6] Lettre au *Courrier français*.

Hommes.

Nous sommes donc arrivés, pour le moment, à.......................... 100,000

S'il m'est permis d'avoir une opinion après toutes ces autorités, je dirai que l'on ne fera pas davantage avec 100,000 hommes qu'avec 40,000 : que dans bien des cas le nombre de nos soldats ne sera pour nous qu'une difficulté de plus dans un pays qui ne peut pas les nourrir. Que si, pour dominer les Arabes, vous êtes obligés de *dominer leurs intérêts agricoles*, c'est-à-dire de les empêcher de produire, vous leur direz avec le général Bugeaud : *Vous ne labourerez pas, vous ne sèmerez pas, vous ne pâturerez pas sans notre permission*[1] : le général Bugeaud espère qu'après cette allocution patriarcale, *ils seront forcés de se soumettre, car ils ne peuvent vivre dans le désert*. En cela, je ne suis pas d'accord : le système sauvage que l'honorable général n'a pu faire entrevoir que pour montrer les extrémités logiques auxquelles nous sommes condamnés, tombe de lui-même; car si les Arabes ne peuvent vivre dans le désert que la propagande européenne leur aura créé, nos 80 à 100,000 hommes y vivront encore moins. Lorsque nous aurons amené le désert jusqu'à la Méditerranée, nous devrons

[1] Lettre du général Bugeaud, au *Courrier français* du 11 février 1837.

tirer d'Europe tous nos approvisionnemens : le pourrons-nous? Il ne faut pas oublier que nos garnisons du littoral ont souvent été réduites à demi-rations; les provisions d'Europe ne sauraient évidemment pas remonter dans un pays désert, où l'animal de transport ne pourrait transporter que ce qu'il consommera, et non ce qui serait nécessaire à la consommation des troupes. Le général Brossard ne paraît pas s'éloigner de mon opinion. « Si la population entière prend parti pour Abd-el-Kader, les conséquences sont faciles à prévoir : la province d'Oran deviendra une arène déserte, et dans cette lutte de persécutions sans cesse renaissante, on se demande auquel des deux peuples appartiendra le prix de la course et de la persévérance [1]. »

Les amis des comparaisons opposeront peut-être à ces énormes effectifs, que les Espagnols entreprirent la conquête de Cuba avec 300 hommes; que Cortès fit, avec 617 combattans, celle du Mexique; que Pizarre conquit le Pérou avec 185 soldats, et le domina au moyen de quelques renforts. Qu'en conclure, si ce n'est que comparaison n'est pas raison? à Alger des forces analogues pourraient à peine protéger des faucheurs en temps de paix.

[1] *Quatre-vingt-deux jours de commandement*, par le général Brossard, p. 50.

Démoralisation de notre armée.

Pour entreprendre l'extermination d'un peuple, il ne suffit pas d'être fort en nombre, il faut encore être résolu, et l'on veut donner à notre armée la résolution nécessaire pour opérer cette grande œuvre. « J'ai vu avec peine nos journaux en avril 1831 employés, par les correspondans d'Alger, à préparer l'opinion publique aux têtes rapportées aux arçons des selles de nos cavaliers, et roulant plusieurs jours dans la cour de nos casernes..... Je m'arrête sur cette passion pour les têtes coupées qui s'est emparée de nous; je me tais sur des harangues que ce goût subit a inspirées, et sur des saillies dans le goût de 93, qui ont été faites et écrites sur de notables décapitations [1]; dans la nuit du 6 au 7 avril 1832, la petite tribu el Ouffia, notre amie depuis l'occupation, sur un soupçon, est surprise encore endormie sous ses tentes, fusillée et sabrée. En revenant de cette funeste expédition, plusieurs de nos cavaliers portaient des têtes au bout de leurs lances [2]. » « Le butin fut vendu et réalisé, cette vente se fit à Bab-Azoun; on y voyait des bracelets encore attachés au poignet coupé, et des boucles d'oreilles sanglantes [3]; » et dans l'ordre du jour du 7 avril, le général en chef rend compte de cette expédition,

[1] *Alger sous la domination française*, par M. Pichon, intendant civil, liv. Ier, chap. VII.

[2] *Annales algériennes*, tome II, p. 27.

[3] *Aperçu historique*, par Sidi Hamdan, p. 42.

et il témoigne *sa satisfaction pour l'ardeur et l'intelligence que les troupes ont montrées.*

Nous voyons nos journaux souillés par les continuels détails de têtes coupées et payées, à peu près comme en France on paie une tête de loup. Un ordre du jour du 14 août 1835 porte que 13 têtes d'ennemis et 350 bêtes à cornes sont restées entre les mains de nos soldats : nous lisons dans le *Moniteur algérien* du 14 octobre 1836, *Rubrique de Bône* : «Vingt têtes ont été envoyées ici, 68 au bout des baïonnettes ont été comptées à la rentrée du camp. C'est une très belle affaire et un début qui ouvre très bien la voie. » Un journal qui se prétend français, dire qu'une pareille horreur ouvre très bien la voie à une armée française ! Ce trophée de têtes n'était pas suffisant, l'assassinat le complète : « sur dix prisonniers, neuf, après le combat fini, dans le camp, ont eu la tête tranchée, à quelques pas du drapeau tricolore, dans un lieu placé sous le commandement d'un officier français [1]. » On ne mentionne pas que le drapeau tricolore ait accompagné à Bône ces hideux trophées, ainsi que M. Pichon en avait été témoin en 1832 aussi à Bône. « Le retour de Joussouf et de sa troupe fit une triste impression à tous les habitans lorsqu'ils aper-

[1] Discours de M. Baude à la Chambre, *Moniteur* du 9 juin 1837.

çurent une tête de Maure sur le drapeau français [1]. »

Dans ce malheureux pays, notre victoire ne peut être sans tache. Nous prétendons porter la civilisation aux Arabes, et nous prenons dans leurs moeurs ce qu'il y a de plus sauvage. Maîtres de Constantine, nous mettons à prix la tête d'Achmet : un général français promet une grande récompense, au nom de la France, à ceux qui lui livreront mort ou vif le bey vaincu [2] !

Lorsque nous ne pouvons joindre les Arabes, nous incendions leurs demeures. Si les hommes nous échappent, les choses qui demeurent tombent sous notre colère. « Ne pouvant joindre les Arabes hadjoutes, la division s'est répandue dans la plaine et a incendié, jusqu'au dernier vestige, toutes les huttes et toutes les récoltes qu'elle a rencontrées [3]. » Lorsqu'une tribu que nous voulons châtier est trop éloignée pour que nous puissions l'atteindre, nous brûlons les cabanes et nous enlevons les troupeaux d'une tribu voisine, pensant que, montrant ainsi notre savoir-faire, l'effet sera le même [4]. Ce sont les tribus les plus voisines

[1] *Alger*, par M. Pichon, p. 142.

[2] Proclamation aux habitans de Constantine, du 1er novembre 1837.

[3] *Moniteur algérien* du 11 oct. 1833; ordre du jour du 6.

[4] *Annales algériennes*, tome Ier, p. 165.

de nos établissemens que nous traitons ainsi : dans une expédition contre les Garabas, nous incendions dix villages [1]. Le général Bugeaud signifie, dans les termes suivans, aux Arabes la guerre qu'il va leur faire : « La première campagne commencera quand vos moissons jauniront, elle finira lorsqu'elles seront détruites, ainsi que vos arbres fruitiers et vos forêts ; la deuxième campagne commencera après les pluies et durera jusqu'à la fin de mars, afin que vous ne puissiez pas semer un seul arpent de blé. » Le cœur du cultivateur saignait lorsque le général s'exprimait ainsi, et nous ne pensons pas qu'il eût exécuté sa menace contre ces gens résignés à tout, qui répondaient à ses envoyés : « Qu'ils étaient décidés à se laisser brûler leurs récoltes, à abandonner même leur pays, plutôt que de consentir à des choses contraires à leur religion [2]. »

Enfin, il faut le dire, nous avons, nous Français, fourni en Afrique deux exemples d'anthropophagie [3].

Nous ne reproduirons pas le triste récit de nos expéditions. A côté de nos désastres, paraissent de funèbres succès, et partout domine le génie de l'extermination. Qu'on récapitule, si on ose, le

[1] *Moniteur algérien* du 3 mars 1836.

[2] Lettre du général Bugeaud au Ministre, 15 mai 1837.

[3] *Annales algériennes*, tome Ier, p. 305.

nombre des indigènes que nos bulletins officiels ont dévoués à la mort; qu'on récapitule ces incendies de villes, villages et récoltes; l'incendie, genre de guerre importé par les Français en Afrique [1]; Mascara livré aux flammes; Bougie baignée dans le sang; Bélida, Médéah, saccagés; Bône ruinée; Arzew, Mostaganem, Tlemecen, dépeuplés; la Tafna abandonnée au milieu de nos douleurs; les tombeaux violés, leurs pierres employées à bâtir [2], et les ossemens humains exploités [3]. A l'aspect de cette spéculation sacrilége, un Maure s'écrie : « Nous ne saurons bientôt ni où vivre, ni où mourir. » Notre présence en Afrique est résumée dans ces paroles de M. Pellissier : « Partout où nous nous établissons en Afrique, les hommes fuient et les Arabes dis-

[1] Discours de M. Laurence à la Chambre, *Moniteur* du 22 mai 1835.

[2] « Les six moulins à vent sur la plage Bab-el-Oued, bâtis sous le général Clauzel, avec les débris des tombeaux des cimetières environnans, ne tournent pas, et ne font aucun service. » M. Pichon, p. 227.

[3] Déclaration de M. Ségaud, docteur-médecin, à Marseille.

Marseille, 1er mars 1833.

« J'ai appris par la voie publique que, parmi les os qui servent à la fabrication du noir animal, il s'en trouve qui appartiennent à l'espèce humaine. A bord de la bombarde la Bonne-Joséphine, venant d'Alger, et chargée d'os, j'ai reparaissent [1]. » On comprend actuellement ces paroles de M. Laurence : « Lorsque l'Arabe ou le Maure sentira l'impossibilité de vivre dans notre voisinage, il vendra et ira acheter plus loin [2]. » Continuons, cette prophétie sera réalisée : alors les spéculateurs pourront s'établir en paix sur le cadavre de l'Afrique.

connu plusieurs os faisant partie de la charpente humaine; j'y ai vu des crânes, des cubitus et des fémurs de la classe adulte, récemment déterrés, et n'étant pas encore privés des parties charnues. » *Sémaphore de Marseille*, 2 mars 1833.

[1] *Annales algériennes*, tome II, p. 152.

[2] Discours à la Chambre, *Moniteur* du 2 mai 1834.

CHAPITRE IV.

RÉSULTATS DU SYSTÈME FRANÇAIS OU COLONIAL.

SOMMAIRE.

Dommage sous le rapport politique. — L'armée d'Afrique ne peut être employée à l'étranger. — Elle fait défaut à la France. — Opinion de M. de Bourmont. — Du maréchal Clauzel. — Du maréchal Soult. — Du général Sébastiani. — De la commission d'Afrique. — De M. Thiers et de M. Molé. — L'Afrique nous a entravé dans la question d'Espagne. — Lors des affaires du Luxembourg. — L'armée d'Afrique énerve notre armée de France. — Le tempérament du soldat ne se forme pas en Afrique. — La guerre d'Afrique, mauvaise école militaire. — Pour l'officier. — Pour le soldat. — Bonne pour les fricoteurs.

Dommage sous le rapport financier. — Dépenses occasionnées par l'Afrique. — Recettes. — Tributs. — Contributions forcées. — Aucune compensation par les douanes. — Recettes réelles. — Perte en 1837, 47,760,341 fr. — — Travaux à faire en France.

Résultats commerciaux. — Aucun avantage commercial possible. — Phénomène. — C'est l'armée qui consomme nos produits. — Et les produits étrangers. — Transit nul. — Esclaves. — Bêtes féroces.

Résultats coloniaux. — Colonisation nulle. — Progression de la population. — Spéculation réelle. — Commandites et sociétés.

Essais proposés. — La Charte appliquée aux Arabes. — Chemins de fer. — Réunion d'Alger à la France. — Alger-Hanovre. — Alger-colonie.

CHAPITRE IV.

RÉSULTATS DU SYSTÈME FRANÇAIS.

Déjà nous portons la peine de nos actes. L'Afrique se venge : elle affaiblit notre politique, ruine nos finances, se rit de nos illusions en commerce, en colonisation.

Dommage sous le rapport politique.

L'armée d'Afrique ne peut être employée à l'étranger.

De profonds politiques avaient pensé que d'Alger nous devions dominer le monde ; qu'ayant une armée à Alger, nous pourrions la lancer en Espagne, en Italie, dans le Levant.

Mais en regardant la carte on s'est aperçu que les côtes d'Espagne, de l'Italie occidentale, et la pointe sud de l'Italie, comme point intermédiaire avec le Levant et l'Adriatique, sont plus rapprochées de Marseille ou de Toulon que du port d'Alger. — En voyant l'état déplorable dans lequel revenaient une partie de nos troupes, et en comptant les malades que l'Afrique évacue chaque année sur la France, on a compris que, dans le cas d'un projet d'expédition maritime, il y aurait tout intérêt à conserver l'armée expéditionnaire dans nos établissemens militaires de France, où elle trouve tout ce qui lui est nécessaire, plutôt que de l'envoyer parquer dans les boues d'Afrique, sans abri, et même sans paille de couchage. — Ne trouvant pas sur la côte d'Afrique un abri passable pour quelques vaisseaux, et ayant vu *le Montebello* obligé de venir à Cagliari attendre la fin de l'expédition de Constantine en 1836; ayant en outre calculé le nombre énorme de vaisseaux nécessaires pour transporter simultanément le moindre corps d'armée, on a pensé qu'il serait plus sage d'avoir ses vaisseaux dans la rade de Toulon, que de les éparpiller le long de la côte de la Régence.

Ayant éprouvé qu'il n'y avait pas toujours toute l'harmonie désirable entre le Gouvernement et les autorités d'outre-mer; qu'il était arrivé par exemple que, pendant que le Ministre envoyait de France des vaisseaux pour ramener des troupes d'Afrique, un général, *poursuivi de l'idée de voir arriver les vaisseaux et les ordres*[1], avait emmené ses troupes dans l'intérieur, de manière que les vaisseaux arrivant ne trouvèrent plus personne, on a pensé qu'il valait mieux conserver son monde à Toulon, où, quelle que fût la bonne volonté des chefs, ils ne pourraient aller

[1] *Rapport sur les crédits*, 1836, p. 65.

bien loin, et l'on trouverait plus certainement ses soldats au jour du besoin.

Enfin, on vit qu'on s'était trompé en pensant que l'on pouvait, pour se livrer à des expéditions européennes ou asiatiques, prélever un effectif sur l'effectif de notre armée d'Afrique; on a eu l'expérience que l'Afrique demandait toujours des supplémens d'effectifs et n'en rendait jamais. La France lui a envoyé, lors de la Macta, 7,278 hommes; lors de la Tafna, 4,575; pour la première expédition de Constantine, 4,069; et pour la deuxième expédition de Constantine, 6,000. Voyant notre armée d'Afrique ainsi élevée graduellement au chiffre de 50,000 hommes, on a commencé à douter que la France ait pu acquérir de la force, en rejetant de son sein 50,000 soldats d'élite.

On s'est alors rappelé l'opinion contraire de ceux qui pensaient que cette armée ferait défaut à la France.

Cette armée fait défaut à la France.

M. de Bourmont écrivait au Ministre, le 15 août 1830 : « J'appris les événemens dont Paris avait été le théâtre; la crainte que les hostilités commencées par l'escadre anglaise, dans la Méditerranée, ne rendissent extrêmement critique la situation des corps détachés à Bône et à Oran, me détermina à les rappeler. »

Opinion de M. de Bourmont.

Le maréchal Clauzel, pendant son premier commandement, avait été au-devant des besoins

Du maréchal Clauzel.

de la France; il écrivait au Ministre, le 16 décembre 1830 : « J'ai prévu le cas où l'état des affaires, en Europe, forcerait la France à réduire son armée d'Afrique..... J'ai donc dû combiner les moyens de fournir *à la mère-patrie les secours qu'elle pourrait réclamer*..... »

Du maréchal Soult. Le maréchal Soult, alors Ministre de la guerre, en répondant à cette lettre, ne trouve pas l'opinion du maréchal Clauzel assez prononcée; il lui écrit, le 31 décembre : « L'honneur et l'intérêt de la France que vous invoquez doivent être soutenus avant tout *sur nos frontières, et dans le centre de l'Europe*, » et c'est à grand' peine qu'il consent à laisser 10,000 hommes en Afrique.

Du général Sébastiani. Le général Sébastiani, Ministre des affaires étrangères, écrit au maréchal Clauzel, le 7 mars 1831 : « *La nécessité où nous étions de rappeler d'Alger en France une partie de nos troupes*, et le désir de ne point ajouter à la masse déjà si grande des sacrifices que nous impose la situation de l'Europe, expliquaient suffisamment cette crainte. »

De la commission d'Afrique. La commission d'Afrique reconnaît que « si une guerre sérieuse survenait, on ne pourrait pas disposer de nos troupes pour la défense de la métropole, il faudrait au contraire leur faire passer des renforts. »

De M. Thiers. M. Thiers disait à la Chambre des Députés, le 12 janvier dernier : « Si nous avions la guerre sur le Rhin, *nous ne pourrions pas avoir* 50,000 *hommes en Afrique;* c'est précisément parce que vous avez la paix qu'il faut vous hâter de résoudre la question d'Afrique. » M. Thiers avait déjà dit à la même Chambre, le 21 avril 1837 : « Si la guerre vient vous surprendre dans l'état d'indécision où vous êtes, dans l'état de demi-mesure, *je dis qu'il faudra évacuer honteusement l'Afrique.* » M. Thiers, l'année précédente, lorsqu'il était Ministre, pour sortir de cet état de demi-mesure, avait combiné avec le maréchal Clauzel le fameux *système de domination absolue* de la Régence avec 35,000 hommes, et, suivant M. Clauzel, on devait atteindre ce *but définitif en une campagne* [1].

C'était en 1836 et le 4 janvier 1838. M. Molé, Président du conseil, s'écrie, à la Chambre des Pairs, que *nous ne faisons que commencer.* Si M. Thiers avait pensé conquérir l'Afrique et s'y établir en six mois, entre le blocus de la Suisse et la pacification de l'Espagne, M. Molé s'est rappelé que les Romains avaient mis à cette œuvre deux cent quarante ans, et y avaient employé leurs plus habiles généraux, les deux Scipions, Marius, Sylla, César, Pompée, Auguste, Agrippa. De M. Molé.

On vient de voir que tous les hommes politiques étaient tombés d'accord sur l'affaiblissement

[1] *Lettre au général Rapatel;* explications, p. 126.

que la France ressentait de l'occupation de l'Afrique : nous allons voir actuellement cet affaiblissement constaté par les faits.

L'Afrique nous a entravés dans la question d'Espagne.

1er FAIT. *L'Afrique nous a entravés dans la question espagnole.* M. Molé, attaqué à la Chambre des Pairs sur sa politique à l'égard de l'Espagne, se retranche derrière les 49,000 hommes qu'il a en Afrique, et dit avec raison : « C'est dans une situation semblable que vous voudriez aujourd'hui que je me jetasse en Espagne [1] ; » à la Chambre des Députés, il ajoute : « Qui oserait soutenir aujourd'hui que, dans la situation de notre pays, lorsque nous sommes obligés d'entretenir des forces si considérables en Afrique... Qui oserait soutenir qu'à moins de la nécessité la plus démontrée, nous devrions nous engager en Espagne [2] ? » et en vérité, quelque opinion que l'on eût sur l'intérêt français dans l'intervention en Espagne, il aurait été insensé d'opérer une intervention qui nous aurait entraînés à envoyer dans ce pays 50 ou 80,000 hommes, lorsque nous avions déjà 50,000 hommes en Afrique.

Lors des affaires du Luxembourg.

2e FAIT : *L'Afrique nous a paralysés lors des événemens du duché de Luxembourg* : nous lisons dans le rapport de la commission du projet de loi sur les armes spéciales : « A l'occasion

[1] *Moniteur* du 5 janvier 1838.

[2] *Moniteur* du 11 janvier 1838.

de cet événement qui a ému le grand-duché de Luxembourg et la Confédération germanique, une démonstration a eu lieu de la part du Gouvernement français ; elle a été prompte, énergique, comme il convenait à nos intérêts et à notre dignité. Mais cette prise d'armes reposait-elle sur des bases assez étendues et assez solides pour mettre la France en mesure de faire face à toutes les éventualités qui pouvaient se présenter, et que la démonstration pouvait entraîner ? Votre commission ne l'a pas pensé, et elle a partagé sur ce point l'opinion du Gouvernement ; » le Gouvernement prétend mettre sa responsabilité à l'abri, en accusant la faiblesse d'organisation des armes spéciales ; mais la commission, recherchant la véritable cause d'un état de choses aussi inquiétant pour la France, déclare : « Qu'il est résulté de ses investigations, que l'infanterie et la cavalerie venaient alors de renvoyer dans leurs foyers tous les semestriers, et les hommes ayant droit à des congés à divers titres, et que les armes spéciales, outre ces mêmes congés, *avaient de plus prélevé sur leur effectif de paix, pour les fournir à l'armée d'Afrique, une grande partie de leurs ressources en hommes, chevaux et équipages.* » Il est difficile de comprendre comment, en présence de pareils faits, M. Bernard, en répondant à M. Jaubert [1], a pu nier que la désor-

[1] *Moniteur* du 11 avril 1838.

ganisation de notre armée tenait en grande partie aux emprunts que l'Afrique lui faisait journellement. M. le Ministre semble ne pas se rappeler les lois que lui-même a présentées aux Chambres. La loi du 10 juillet 1837, et le projet de loi voté par la Chambre des Députés, le 6 avril 1838, en admettant des crédits extraordinaires pour l'Afrique, en 1837, pour une somme de 19,263,313 francs, ont consacré des annulations sur les dépenses de l'armée de l'intérieur pour une somme de 7,951,918 francs; ce qui a affaibli d'autant la force de notre armée de France.

Pourquoi M. Bernard vient-il donner un démenti à son collègue des finances, qui, plus sincère, nous dit, dans l'exposé des motifs des crédits extraordinaires de 1837, que ces annulations « ont été principalement obtenues par le renvoi anticipé dans leurs foyers des hommes libérables au 31 décembre 1837...., et par l'envoi que l'on a été forcé de faire en Afrique d'un nombre de troupes supérieur aux prévisions. » Le rapporteur de la commission évaluait à 4, 5 et 600 hommes par régiment le déficit résultant des congés existant au moment des affaires du Luxembourg [1].

Il y avait à la même époque un déficit de 1800 chevaux dans les équipages de l'artillerie [2],

[1] Discours de M. le rapporteur, *Moniteur* du 11 avril.
[2] *Ibid.*

et un déficit de 2400 chevaux dans l'effectif de la cavalerie [1]. M. Bernard se met en contradiction avec ses propres documens officiels en prétendant que l'Afrique est étrangère à la désorganisation de notre artillerie et de la cavalerie. Il peut lire, à la page 27 des développemens des crédits de 1837, ce qu'il nous dit lui-même pour expliquer l'annulation de 188,694 fr. sur le crédit accordé à la remonte de l'armée de France. « Les achats considérables de chevaux, effectués en France pendant l'année 1837 pour le service extraordinaire d'Afrique, ont empêché de compléter, dans les délais déterminés, ceux relatifs aux divisions territoriales de l'intérieur. » Des annulations semblables avaient eu lieu dans les trois années antérieures, pour une somme de 394,000 fr.

L'armée d'Afrique énerve l'armée de France

Ce n'est pas seulement par le nombre des soldats qu'elle lui enlève, mais bien aussi par la qualité de ces soldats, que l'Afrique désorganise notre armée de France. Le maréchal Grouchy disait à la Chambre des Pairs : « Pour réparer les pertes que leur font essuyer le feu de l'ennemi ou l'influence du climat, vous êtes forcés de leur envoyer des détachemens tirés des régimens qui sont en France. Fâcheuse mesure, puisqu'elle les énerve et est si pénible à leurs chefs, et de nature

[1] Rapport du même.

à dégoûter leurs officiers, qui se trouvent ainsi privés des soldats à la formation desquels ils ont consacré de longs et pénibles soins. » M. Bernard reconnaît la justesse de ces observations, car il répond : « Quant à l'envoi en Afrique des soldats ayant passé un ou deux ans sous les drapeaux, nous l'avons considéré comme une nécessité; car, s'il s'agissait de recrues, leur tempérament ne serait pas assez formé et les pertes seraient plus considérables. » Mais cela n'empêchera pas M. Bernard de venir encore soutenir que l'Afrique ne désorganise pas notre armée.

Le tempérament du soldat ne se forme pas en Afrique.

On voit que l'Afrique est difficile : elle choisit après le recrutement; celui-ci rejette 63 ou 64,000 hommes pour en prendre 80,000. Vient alors l'Afrique qui prélève, sur ce premier choix, les hommes les plus robustes et les mieux formés; elle les met à l'essai à Mascara ou Constantine, et tue ceux qui ne lui conviennent pas. Il est évident que ceux qui résistent constituent de bonnes troupes; mais pour cela le tempérament du soldat n'est pas formé; loin de là : une partie en reviennent avec le tempérament détruit.

La guerre d'Afrique, mauvaise école militaire.

Parmi tous les avantages que l'on a prétendu retirer de l'occupation de l'Afrique, on a exalté celui d'y former notre armée par la guerre que nous sommes obligés de faire aux indigènes. Il est difficile de croire au désir de pacification des personnes qui regardent la guerre comme un bienfait. Les Arabes, de leur côté, doivent suspecter nos proclamations humanitaires, colonisatrices, civilisatrices, etc., concernant un pays dont nous voulons faire un champ d'essai pour la guerre. Ils pourraient au moins demander que, sur les trois provinces, nous voulussions bien en indiquer une à cet usage, afin qu'ils pussent travailler dans les deux autres.

Pour l'e ficier.

Passons sur ces légères inconséquences. L'exercice que l'on nous propose est-il réellement aussi efficace, sous le rapport militaire, qu'on veut bien le dire? j'en doute encore. Le genre de guerre que l'on fait en Afrique est tellement différent de celui que nous pouvons être appelés à faire en Europe, qu'il est à craindre que notre expérience ne nous soit pas fort utile, à moins toutefois que, pour faciliter cette éducation militaire, les Arabes ne consentent à prendre les méthodes européennes. Mais jusqu'à présent, c'est nous au contraire qui modifions notre science et nos habitudes militaires d'après le climat, la configuration du sol, la manière de combattre propre aux Arabes. « Qu'on tâche donc de comprendre que les combinaisons stratégiques d'Europe n'ont aucun sens en Afrique. Les choses, les armées étant toutes différentes, la guerre doit différer également. Il n'y a pas de clefs d'une contrée, il n'y a pas à prendre de ces positions qui commandent au loin le pays, militairement parlant; on ne tourne pas les Arabes : tous les points de l'horizon leur sont indifférens ; on ne s'empare pas de leurs lignes de communication : tous les chemins leur sont bons. On ne menace pas leurs dépôts et le siége de leur gouvernement : leurs dépôts sont des silos invisibles depuis la guerre, le cœur de leur puissance est aussi mobile que leur camp [1]. » En Europe, c'est l'infanterie qui fait la force des armées, c'est l'infanterie qui gagne les batailles ; mais en Afrique, cette infanterie, pour être de quelque utilité, doit être d'une mobilité extrême, habituée à se servir avec justesse d'une carabine ou d'une arme plus appropriée que nos mousquets à la guerre que l'on fait dans ce pays ; elle doit se plier facilement aux exigences du moment, agir par petits corps isolés ; enfin l'organisation doit être calquée sur celle des zouaves, dont le colonel Lamoricière sait tirer un si grand parti. Avec de pareils élémens de guerre nos officiers apprendront-ils la stratégie applicable dans la guerre d'Europe? n'en apprendront-ils pas davantage dans les camps de manœuvres? est-ce pour donner à vos jeunes officiers des idées exactes sur la castramétation que vous avez formé vos établissemens de Nechmeya et de Medjez-Ammar? Nechmeya, situé au fond d'un entonnoir

[1] Lettre du général Bugeaud au *Courrier français* du 11 février 1837.

commandé circulairement, à portée de mousquet, par une chaîne de collines qui, si elles étaient occupées par 200 hommes, vous empêcheraient de faire un pas dans l'enceinte de vos fortifications? Medjez-Ammar? là, malgré vos travaux, le bey Achmet, tout ignorant qu'il soit de l'art de la guerre, n'est-il pas venu vous donner une sévère leçon en attaquant avec tout son monde la colline qui commandait toute votre position? Sans le colonel Lamoricière, vos officiers auraient appris, à leurs dépens, que ce n'est pas en Afrique, mais bien en Europe, dans la grande guerre, que l'on peut se former dans la science des fortifications.

Pour le soldat.

Quant au soldat, « l'enflure de nos bulletins contribue puissamment à leur donner de fausses idées sur la guerre; en leur laissant croire que des tiraillemens insignifians sont d'importantes affaires, on les expose à perdre la tête devant un danger réel [1]. » « Un moyen plus sûr pour entretenir l'esprit militaire, est de s'occuper constamment de l'armée, de ses besoins, de son instruction, des améliorations que peuvent réclamer son régime et son organisation; de réunir fréquemment les troupes dans des camps de manœuvres; d'apporter la plus sévère et la plus scrupuleuse attention à la juste application des lois et des réglemens militaires, surtout en ce qui concerne la

[1] *Annales algériennes*, tome Ier, p. 320.

discipline et l'avancement. Ce qui pourrait tuer l'esprit militaire, serait la négligence que le Gouvernement apporterait dans le soin de l'armée; ce seraient les avancemens accordés à l'intrigue et à la faveur, le mauvais choix des officiers, l'absence des chefs de corps, obligés de venir à Paris pour obtenir ce qu'ils auraient le droit d'attendre sans se déplacer[1]. » Il ne paraît pas que l'ordonnance du 16 mars sur l'avancement, et les promotions qui ont été faites depuis quelque temps, soient de nature à donner à l'armée les garanties et la satisfaction qu'elle peut justement attendre.

Bonne pour les fricoteurs.

L'Afrique a souvent été le prétexte d'avancemens accordés à des officiers que la faveur protégeait : on les a vus à chaque campagne fondre sur l'armée d'Afrique, et en rapporter en quinze jours grades et décorations. On les connaît en Alger sous le nom de *fricoteurs* ou *pirates*. A côté d'eux, ou, pour mieux dire, loin d'eux, d'autres officiers font leur service, sont aux prises avec les fièvres et les Arabes; il aurait été plus dans l'intérêt de l'armée que les princes et généraux qui ont fait la guerre en Afrique se fussent entourés de militaires déjà familiarisés avec cette guerre, tandis que trop souvent des officiers choisis ou imposés

[1] *De la Nécessité d'abandonner Alger*, par M. Planat de La Faye, ancien officier d'ordonnance de l'Empereur, p. 10.

par la faveur ont enlevé des récompenses que l'armée indiquait appartenir à d'autres.

Nous avons surabondamment prouvé que l'Afrique n'a été et ne peut être, dans les conséquences du système français, qu'une cause de faiblesse pour la France, et de dommage pour sa politique.

Dommage sous le rapport financier.

Dépense occasionnée par l'Afrique.

L'expédition d'Alger, telle que la Restauration l'avait conçue et exécutée, avait eu un résultat remarquable sous le rapport financier. Elle a été la seule guerre peut-être qui n'ait rien coûté au vainqueur. La Casauba avait versé au Trésor français 49,017,340 fr. Dans la même année, Tripoli nous payait 800,000 fr. en réparation de ses torts. C'était le bon temps; alors, nous étions véritablement conquérans. Aujourd'hui, nous sommes conquis; l'Afrique s'est emparée de la France, qui chaque année, en tributaire fidèle, offre à son maître le plus pur de son or.

La guerre étant notre seule affaire en Afrique, la guerre est notre grande dépense. Dans le principe, les habiles avaient voulu ne mettre à la charge de l'Afrique que la différence du pied de guerre au pied de paix. Mais on a reconnu depuis que l'armée d'Afrique était spéciale pour l'Afrique, et loin de pouvoir venir en aide à la France, lui enlevait régulièrement des renforts. Admettre une semblable prétention aurait été avouer que l'effectif de l'armée se réglait au hasard : lorsque le Ministère, chaque année, soumet aux Chambres l'effectif de l'armée, il indique les besoins du pays tant à l'intérieur qu'à l'extérieur, suivant les probabilités de paix ou de guerre. Lorsque l'horizon politique est pur, l'effectif diminue; lorsqu'un besoin cesse, l'effectif diminue encore. On prétend qu'aujourd'hui Alger est un de ces besoins; soit : mais combien coûte-t-il? Ce préambule nous a paru nécessaire en voyant la page 141 du Tableau de situation, qui fait encore cette ancienne distinction du pied de paix et du pied de guerre. Il est vrai que l'auteur du Tableau n'émet aucune opinion à cet égard : il a senti qu'il ne pouvait soutenir cette ancienne hérésie, et il a préféré laisser entrer quelque doute dans les têtes légères.

Nous avons vu, à la page 83, la progression des effectifs : la dépense a naturellement suivi la même progression; elle est arrivée pour 1837, en crédits originaires, supplémentaires, extraordinaires et additionnels, pour les services militaires et civils, à la somme effrayante de 39,827,167[1] f.

Alger a été la cause d'accroissemens considérables dans le budget

[1] *Développemens des crédits*, p. 29.

Report. . . .	39,827,167 f.
de la marine. La commission de ce budget, dans son rapport du 12 mai 1838, estime que, sans comprendre les armemens entretenus par l'intérêt politique de l'Algérie, son service direct a occasionné une dépense de.	4,451,700
Le service de 11 bâtimens à vapeur y est compris pour 2,053,000 fr. La vapeur est une belle chose, sans doute, mais l'Afrique en fait abus. Que voulez-vous? C'est son équipage; elle dit : Chauffez, comme vous dites : Mettez les chevaux à la voiture.	
La commission du budget évaluait, en 1835, à trois millions les dépenses accessoires que l'Afrique occasionnait au budget de la guerre; telles que celles des dépôts en France des régimens qui sont en Afrique, de la consommation du matériel en équipages régimentaires, fusils, armes blanches, poudres et projectiles. Sans reproche, l'année 1837 peut être portée pour.	4,000,000
A reporter. . .	48,278,867 f.

Report. . . . 48,278,867 f.

Les 45,000 soldats que nous avons en Afrique, s'ils avaient été en France, auraient payé les droits de consommation sur les produits qu'ils auraient consommés. Ces droits s'élèvent en France à 300 millions, leur part se serait élevée à environ. 1,500,000

49,778,867 f.

Quelles sont les recettes.

Quelles sont les recettes que nous pouvons mettre en présence d'aussi effroyables dépenses?

§. 1er. *Tributs sur les Arabes.*

Tributs, chimériques.

Nous avons vu, dans le chap. II, que les tributs que l'on espérait recevoir des indigènes, sont chimériques.

Contributions forcées.

Les contributions forcées n'ont pas un meilleur succès que les essais de tributs. Le maréchal Clauzel, qui avait pris sur lui la responsabilité de l'expédition de Tlemecen, avait pensé qu'il n'en devait rien coûter à la France; « des renseignemens positifs avaient appris au maréchal gouverneur qu'il existait dans la ville de Tlemecen des approvisionnemens considérables; il était certain d'y trouver, non seulement de quoi nourrir ses soldats, mais encore des objets d'une valeur assez forte pour faire rentrer dans le trésor les fonds dépensés pour l'entretien des troupes, depuis leur départ de France[1]. » Les Koul-oglous qui nous avaient appelés à Tlemecen, avaient promis de subvenir aux frais de la guerre; mais lorsqu'ils durent s'exécuter, ils n'avaient plus d'argent. Le maréchal frappa une contribution qui, de réduction en réduction, tomba à 150,000 fr.; 94,000 essayèrent d'entrer au trésor, et furent restitués par ordre de la Chambre. Ne pouvant avoir de l'argent, pouvions-nous quitter Tlemecen? Non pas, nos amis les Koul-oglous nous avaient conquis et voulaient nous garder, pour la sûreté de leurs personnes et de leurs propriétés. M. le maréchal fut obligé d'y laisser un bataillon: « Ce fut *par nécessité,* » a-t-il dit, « car 10,000 personnes voulaient me suivre dans une route longue, pénible et ruineuse; *par économie,* car il aurait fallu nourrir 10,000 malheureux qui eussent coûté à la France au moins 5,000 fr. par jour, c'est-à-dire près de 2,000,000 par an[2]. »

Les espérances de Tlemecen s'étaient renouvelées en 1836 pour Constantine: en 1837, on frappe une contribution de 200,000 fr., qui ne peut être perçue en totalité. Constantine la grande ville fait défaut aussi bien que Tlemecen.

On a cherché une compensation des dépenses Aucune

[1] *Contribution de Tlemecen,* p. 2; brochure appartenant à M. le maréchal Clauzel.

[2] Lettre au maréchal Maison, du 27 avril 1836.

compensation par les douanes.

d'Afrique dans une augmentation de recette de douanes que la direction de Marseille avait faite depuis quelques années; l'honorable M. Baude avait présenté, dans ce sens, un travail fort ingénieux [1]. Je suis étonné qu'un homme de savoir comme lui ait pu tomber dans une erreur aussi palpable. Je dois la relever ici à cause de l'autorité que les calculs qui la constituent tirent de la réputation de leur auteur.

Comparant les produits des droits de douanes perçus dans l'Océan avec ceux perçus dans la Méditerranée pendant les périodes de cinq ans qui ont précédé et suivi la conquête d'Alger, M. Baude a trouvé que la moyenne du produit a augmenté de 6,217,583 fr. dans la Méditerranée, et a diminué de 173,884 fr. dans l'Océan. Mais M. Baude n'a pas décomposé les chiffres qu'il présentait par les objets auxquels ils s'appliquaient; s'il l'avait fait comme moi [2], il aurait vu que la recette n'était pas telle qu'il la présentait, puisqu'elle portait en grande partie sur des sucres, dont la prime sur les raffinés absorbait et au-delà, à cette époque, le droit perçu à l'entrée. J'ai établi précédemment [3] que cette prime avait été en moyenne pour chacune des cinq dernières années dont parle M. Baude, de 6,969,609 fr.,

[1] *Revue des Deux Mondes*, 15 avril 1835.

[2] *La Question d'Alger*, p. 244.

[3] *Ibid.*, p. 247.

et avait dépassé les primes moyennes des années antérieures de 3,550,287.

Mais quand même l'augmentation de recette eût été réelle, qu'aurait-elle pu avoir de commun avec Alger? Si le produit des douanes de France a augmenté, c'est qu'on a consommé davantage en France. Alger a évidemment diminué cette consommation, puisque la France a dépensé à Alger chaque année de 30 à 48 millions, qu'elle aurait dépensés chez elle si elle n'avait pas eu Alger. Ainsi, comme nous l'avons dit, l'occupation d'Alger, loin de pouvoir augmenter, n'a pu que diminuer notre recette de douanes.

La statistique de M. Baude avait séduit M. Ch. Dupin, qui transforme en 10 millions [1] les 6 millions de M. Baude. Un chiffre est aussi exact que l'autre.

Recettes réelles.

Quelle recette Alger peut-il donc offrir au Trésor français, en atténuation des dépenses qu'il lui cause? celle de l'enregistrement, des douanes, des postes et de la poudre à feu. Il y aurait beaucoup à dire sur chacune de ces branches de revenu; mais prenons-les telles que nous les offre la page 403 du *Tableau de situation* dégagées des nuages dans lesquels les enveloppait la page 383. Elles ont produit, en 1837, 2,018,526 fr.

Pertes.

En déduisant cette somme de celle de

[1] Discours à la Chambre des Députés, *Moniteur* du 20 mai 1835.

49,778,867 fr. que l'Afrique nous a coûté dans la même année, il nous reste une perte sèche de 47,760,341 fr., somme approchant du montant de l'impôt du sel.

On a beaucoup répété qu'Alger était populaire en France. Je voudrais augmenter encore sa popularité. Voici le moyen : que l'on rende une loi portant, *Alger colonie et l'impôt du sel sont supprimés ;* oh ! alors, jusque dans la dernière chaumière, on bénira le nom d'Alger.

Travaux égligés en rance.

Je sais combien ces calculs sont vulgaires, je connais le profond mépris que professent pour l'argent messieurs les gouvernementaux. Mais, lorsque bien lotis eux-mêmes aux dépens du budget, ils font si grande la part de l'Afrique, ils me permettront de réclamer quelque chose pour la France ; cette France qui ajourne, pour l'Afrique, les travaux qui lui manquent.

Le projet de loi présenté le 24 janvier 1837, estime les travaux à faire pour mettre en état les routes routes royales à. . . .	126,000,000 fr.
Les mêmes travaux pour les routes départementales peuvent être évalués à.	180,000,000
Les commissions chargées de préparer la loi sur les chemins vicinaux, faisaient monter les	
A reporter. . .	306,000,000 fr.

Report. . . .	306,000,000 fr.
dépenses qu'ils nécessiteraient à	300,000,000
Le projet de loi sur les chemins de fer du 15 février 1838, porte leur développement à 1,200 lieues environ, qui ne coûteront pas moins de.	1,200,000,000
Des ingénieurs évaluent à 2,798 lieues le développement de la navigation fluviale et artificielle. Le Ministre, dans le projet de loi présenté le 15 février, réduit ce dévelopement à 2,298 lieues, et estime la dépense à.	490,000,000
Les travaux à faire aux ports de commerce peuvent réclamer.	100,000,000
Ceux aux ports militaires s'élèveront au moins à la même somme.	100,000,000
Tous nos ports sont à curer depuis Dunkerque jusqu'à Toulon.	
Le génie militaire évaluait, il y a quatre ans, à 340,000,000 la dépense des fortifications à faire en France. Réduisons à. .	300,000,000
Le Rapport de M. Guizot	
A reporter. . . .	2,796,000,000

Report. . 2,796,000,000

annonce que la construction des écoles, dans les communes qui en manquent, coûtera... 71,000,000

2,867,000,000 fr.

Cet aperçu est loin d'être complet, mais peut donner une idée des travaux à exécuter en France. La France! elle peut attendre : c'est l'Afrique qui ne le peut pas, et nous la doterons de tous les bienfaits que nous nous refusons à nous-mêmes.

Résultats commerciaux.

Aucun avantage commercial.

Si Alger nous est dommageable sous le rapport politique et sous le rapport financier, est-il moins ingrat sous le rapport commercial?

Des 417 pages du *Tableau de situation*, les 329e et 331e sont certes les plus malicieuses, et la 330e est la plus amusante.

Phénomène commercial à Alger.

Dans tous les pays les importations et les exportations se balancent par la raison très vulgaire, que l'on ne peut ni acheter sans vendre, ni vendre sans prendre quelque chose en échange. C'est ce qui ressort de tous les tableaux de douanes : ainsi la moyenne décennale de 1827 à 1836 a donné, d'après les tableaux statistiques de l'administration en France, importations : 667,400,000 fr. exportations.............. 698,300,000

En Russie, le commerce a été, pendant 1834, en importations de.	244,857,044
en exportations, de.	237,640,246
Mais en Alger, tout est phénoménal : en 1837, les importations sont de.	33,055,246
et les exportations, de.	2,946,691

C'est-à-dire que son commerce donne un et reçoit onze. Il paraît que ce résultat avait quelque peu étonné l'auteur du Tableau de situation, car il cherche à faire la part de ce que consomme l'armée; comme il ne s'appuie sur aucune base réelle, nous ne pouvons accepter les approximations qu'il nous donne, et nous soutenons que c'est l'armée, et tout ce qui vit à la suite de l'armée, qui consomme la presque totalité des produits importés en Afrique. Avec quels fonds cette consommation a-t-elle lieu? Avec les espèces ou valeurs que le Trésor de France envoie chaque année en Afrique.

C'est l'armée qui consomme nos produits.

En 1837, le trésorier payeur d'Afrique a reçu :

1°. en traites du caissier central du Trésor sur lui-même, et payables à Paris.	8,230,000 fr.
2°. en traites sur Marseille. . . .	11,690,000
3°. en mandats qu'il a tirés sur divers caisses du Continent.	138,428
A reporter. . . .	20,058,428 fr.

	Report. . .	20,058,428 fr.[1]
4°. en envois d'espèces de Toulon à Alger		7,690,958
		27,749,386 fr.

Cet éclaircissement nous met à même d'expliquer le tableau phénoménal du commerce d'Alger, en 1837.

Il a été importé en Alger.		33,055,246 fr.
Il a été exporté d'Alger.	2,946,691 fr.	
Il a été consommé à Alger, au moyen des valeurs envoyées de France.	27,749,386	
	30,696,077 fr.	33,055,246 fr.

On voit déjà que les deux sommes se rapprochent; nous n'avons pas la prétention de les faire concorder. Il se peut que quelques milli-

[1] Nous n'avons pas compris la distinction que l'auteur du Tableau a voulu faire entre les envois de numéraire et les envois qui sont faits en traites échangées en Afrique contre du numéraire, et remboursées en France par le numéraire du Trésor. M. Bernard aurait dû faire établir par la Trésorerie ou par les douanes cette partie du *Tableau de l'Algérie*, afin d'éviter que l'on ne réimprime en 1838, à Paris, de pareilles facéties sur le numéraire; si cela avait été imprimé à Alger, je ne dirais rien : là, tout est permis.

taires fassent passer en France quelques économies; mais c'est bien peu de chose. Il faudrait ensuite que les états de l'administration n'offrissent pas de double emploi. Ainsi notre terre promise a reçu, en 1837, pour 2,675,249 fr. d'animaux vivans. Cette somme comprend les animaux de boucherie que nous envoyons à nos soldats affamés.

C'est là ce que l'administration appelle du commerce; soit. Quelquefois, pour augmenter ses appréciations commerciales, elle porte au tableau des douanes les chevaux ou mulets qui vont faire la guerre en Afrique; passe encore. Mais quand on fait voyager un mulet d'Alger à Bône, ou de Bône à Oran, en conscience, il ne faut pas l'estimer. Un de ces animaux racontait que, dans ses nombreux voyages maritimes, il avait déjà été estimé cinq fois pour faire honneur à l'Algérie. Il commençait à avoir le pied marin, et se disposait à un sixième voyage, lorsque, de la grue d'embarquement, il tomba sur le tillac, et se cassa deux jambes. Il était natif du Poitou, et en quatorze mois il était devenu le doyen des mulets d'Afrique.

Nous ne saurions trop recommander, à ceux qui ont le bonheur de le posséder, la méditation du tableau des importations en Algérie. Chaque article prouve que c'est l'armée qui consomme tout ce qui est importé en Afrique. Nous ne citerons que les farineux alimentaires que l'ancien

grenier des Romains tire de l'étranger pour une somme de 6,515,285 fr. Nos troupes auraient tout aussi bien fait de manger notre blé en France, que d'aller en Afrique consommer celui d'Odessa. Ce sont certes nos troupes qui ont consommé les boissons importées pour une somme de 3,923,753 fr. La partie fournie par la France aurait été tout aussi bien bue par la population française en France, que par nos soldats en Afrique.

Et les produits étrangers.

Encore, si notre opération commerciale avec Alger s'était bornée à envoyer en Afrique des consommateurs français consommer des produits français, à peu près comme un bourgeois de la rue Saint-Denis va en famille, le dimanche, consommer sur l'herbe à Montmorency les provisions de son ménage, nous n'y perdrions pas sous le rapport du débouché de nos produits; mais notre opération est beaucoup plus savante : elle consiste à aller en Afrique consommer des produits étrangers. Ainsi, sur les . . . 33,055,246 fr. importés en Afrique, et consommés en grande partie par nous, nous n'y avons importé en produits français que. . . . . 15,443,535 fr.

Nous avons donc consommé en grande partie les produits étrangers, dont l'importation s'est élevée à. . . . . 17,611,711 fr.

Le résultat commercial est le même que celui obtenu sous l'empire, lorsque nos prisonniers de guerre consommaient, sur les pontons anglais, les produits anglais, au moyen de l'argent qu'ils recevaient de France.

Dans la décomposition du chiffre de 33,055,246 f., j'ai totalisé avec les marchandises étrangères les marchandises des entrepôts qui sont des produits étrangers. L'auteur du *Tableau de situation* les a, au contraire, groupés avec les produits français. Nous ne pensons pas que l'auteur du *Tableau* ait mis malice dans ce groupement de chiffres; mais l'illusion a eu son effet, et la presse a propagé l'erreur.

Transit nul.

Nous avons un compliment sincère à adresser à l'auteur de ce *Tableau*. Il ne parle plus du commerce intérieur de l'Afrique. On paraît avoir renoncé au transit à travers le Sahara et au chameau patriarchal, et on se résigne à suivre le Niger et le Sénégal. Nous avons établi, l'an passé, que la Régence était un impasse commercial[1], et nous avons réduit à une valeur de quelques mille francs le commerce des esclaves, de la poudre d'or, dents d'éléphans, plumes d'autruches et gommes, qui forment la nomenclature inévitable des objets de commerce de l'intérieur de l'Afrique, nomenclature religieusement transmise d'un auteur à l'autre depuis deux cents ans.

[1] *Question d'Alger*, p. 182.

Esclaves. Dans cette nomenclature, nous avions mentionné comme un commerce passé celui des esclaves; puis voici venir M. Cousin, qui nous parle *d'acheter ces noirs pour employer leurs mains libres et fortes à labourer nos terres d'Afrique*[1]. Si la proposition était sérieuse, elle serait la deuxième édition de la funeste conception humanitaire du XVIe siècle, attibuée à Las Cazes; mais à cette époque, la cruelle expérience n'avait pas été faite, qu'acheter les prisonniers et les condamnés aux peuplades d'Afrique; c'était les provoquer à la guerre, c'était rendre plus barbare encore la domination de leurs roitelets, c'était faire germer jusqu'au sein des familles les passions les plus cupides et les plus infâmes. Quant aux noirs libres, qu'il faudrait acheter suivant M. Cousin, en quoi seraient-ils plus utiles ou plus profitables que les blancs qui y sont, et que l'on a pour rien? Je ne vois aucune raison de préférence, excepté pour ceux qui aiment les couleurs foncées.

Bêtes féroces. Le savant M. Dureau de la Malle apporte aussi son tribut de connaissance dans l'appréciation du commerce de l'intérieur de l'Afrique. Se rappelant que les Romains tiraient de ce pays les animaux féroces que consommaient en si grande quantité le cirque et l'amphithéâtre, il pense que « le port de Marseille pourrait devenir l'entrepôt

[1] Discours à la Chambre des Pairs, *Moniteur* du 24 juin 1837.

où se fourniraient toutes les ménageries privées et publiques de l'Europe[1]. »

Nous ne connaissons pas d'autre branche de commerce avec l'intérieur de l'Afrique, nous nous serions fait scrupule de la dissimuler au lecteur.

On nous dira peut-être que l'avenir commercial nous dédommagera du présent. Nous avons traité cette question autre part[2]; l'avenir commercial de la Régence est nul.

Résultats coloniaux.

Nous avons dévleoppé autre part[3] les impossibilités de la colonisation et de l'établissement du régime colonial fondé par l'ordonnance sur les douanes et la navigation, du 11 novembre 1835. Quelques unes des dispositions que nous avions combattues ont déjà été rapportées par une autre ordonnance du 23 février 1837, à la suite de difficultés relatives à la navigation. Les autres dispositions de cette ordonnance tomberont à mesure que surgiront les autres difficultés que nous avons prédites.

Nous ne reviendrons donc pas ici sur l'étran-

[1] *Revue africaine*, décembre 1836.

[2] *La Question d'Alger*, p. 161.

[3] *Ibid.*, p. 127.

geté de l'établissement d'un nouveau régime colonial, à une époque où ce qui reste de l'ancien est cause de difficultés inextricables entre les colonies et les métropoles. Nous jetterons seulement un coup-d'œil sur les œuvres de nos colonistes.

La progression de la population.

Le maréchal Clauzel disait à la Chambre des Députés, en 1832, que dans vingt ans la colonie aurait 10 millions d'habitans. Cela faisait 500,000 par an; elle devrait à ce compte nous en présenter aujourd'hui 2 ou 3 millions. Le Tableau de situation assure qu'il s'en trouve 16,770. Mais nous ferons remarquer que, sur ce nombre, il n'y a que 6,592 Français, et que, s'il y a eu avantage à aller en Afrique, ce sont principalement les étrangers qui en ont profité: les îles Baléares y ont exporté 5,189 individus, et Malte 2,193, dont l'Angleterre a dû être charmée de se débarrasser.

En second lieu, le nombre des hommes est triple de celui des femmes, ce qui indique la qualité et les intentions des colons. M. Worms, médecin distingué, dit, dans son *Hygiène d'Afrique*: « Il est très difficile de conserver des enfans en Afrique, et, en général, l'éducation des jeunes animaux y est soumise à de nombreuses difficultés. » A Bône, la mortalité des enfans est presque absolue.

Enfin, sur 12,522 hommes et femmes, il y a 1,939 patentés ou débitans, c'est-à-dire près d'un sixième de la population adulte. Ce dernier fait indique assez l'occupation des prétendus colons : ils tiennent boutique pour l'armée, cabarets pour le soldat.

Quant aux colons cultivant, ou du moins habitant le massif, le Tableau en indique 2,207 ; ils auront bien du mal à remettre le Fhos et le Sahhel au point de prospérité où nous les avons trouvés en 1830 [1] ! Quant aux autres points de la Régence, la culture est nulle.

Que fait-on donc à Alger ? on spécule. « La rage des spéculations a été poussée jusqu'au scandale, à Alger. Il y a telle maison qui est louée à l'État douze fois la valeur que le capital entier d'achat a coûté. On a vendu des terres comme des quantités algébriques, comme à la Bourse de Paris on trafique sur le sucre, le café et les eaux-de-vie. Le territoire d'Alger appartient aujourd'hui à de gros capitalistes qui ont des numéros de loterie, qui cherchent à les placer et qui voudraient qu'une déclaration du Gouvernement vînt dire qu'ils ont vendu sous sa garantie, afin de faire hausser le prix de leur marchandise, et ensuite de s'en départir [2]. » Ces gens achetaient à Bélida « des maisons renversées depuis six ans par un tremblement de terre ; dans la Métidja, Spéculations.

[1] *Annales algériennes*, tome II, p. 329.

[2] Discours de M. Dupin, le 29 avril 1834.

dix fois plus d'étendue qu'elle n'en a, et jusqu'à 36,000 arpens à la fois d'un seul propriétaire[1]. »

Le Gouvernement avait un moyen de modérer cette fureur de spéculation. Depuis long-temps on lui demande d'imposer les terres en friche appartenant aux Européens. On n'aurait alors acheté que pour travailler. Le travail, s'il peut se produire utilement, n'aurait pas été découragé puisqu'il eût été exempt d'impôt, et la spéculation se serait retirée devant le contrôle qu'elle aurait subi.

Commandites et sociétés.

L'Afrique est la terre natale de la commandite : nous ne connaissons pas toutes les compagnies qui, depuis 1830, ont pris naissance ou trépas en Algérie. Voici celles que la presse a mises en lumière.

Société de l'exploitation de la Ferme expérimentale d'Afrique. — Elle fut constituée par un arrêté du 30 octobre 1830, qui lui concédait 1,000 hectares, à 1 fr. de loyer par hectare. La Société ne vécut qu'un jour, celui de son inauguration. Si le terrain s'enrichit, ce fut à la manière des cimetières, en recevant les cadavres de nos soldats, condamnés à garder ce charnier colonial. « Là, ceux de nos officiers et de nos soldats que la mort n'a pas moissonnés, n'ont pu encore guérir

[1] *Rapport sur la Colonisation à la Commission envoyée en Afrique*, p. 10.

des fièvres qui les ont attaqués, et, malgré leur éloignement, à chaque saison leurs accès reparaissent [1]. »

Compagnie d'Agriculture. — « Déjà il s'est formé à Alger une compagnie, soi-disant d'agriculture, qui n'a su qu'accaparer des terres, dont elle est embarrassée maintenant. M. B., membre de la Chambre des Députés, du parti qu'on appelle encore libéral, je crois, et de plus riche capitaliste, vint à Alger en 1833 ; il semblait que son arrivée dût répandre la manne sur la colonie. Eh bien, qu'a fait M. B. ? il a acheté et revendu des terres, et a gagné à ce jeu quelques écus [2]. »

Compagnie algérienne de Colonisation. — Formée en 1834 au capital de huit millions, elle affirmait que si les terres de France ne rapportent au propriétaire que 3 pour 100, *les terres d'Alger mises en exploitation rapporteront, si elles sont cultivées seulement en denrées européennes, au moins* 12 *pour* 100, *mais que le bénéfice net triplera et quadruplera peut-être par la culture des plantes tropicales*, ce qui aurait fait 36 ou 48 pour 100. Nous serions aise que la Compagnie rendît compte de ses opérations agricoles, en voulant bien mettre de côté les spéculations.

Compagnie de Colonisation. — M. le général

[1] M. Genty de Bussy, tome Ier, p. 262.

[2] *Annales algériennes*, tome II, p. 352.

Dubourg avait présenté à la Chambre des Députés le projet d'une compagnie organisée militairement, assez puissante pour n'avoir rien à redouter des invasions arabes; elle aurait fait un fonds de 100 millions, et reçu du Gouvernement une subvention annuelle de 5 millions. La culture devait se faire en commun pour le compte commun, avec distribution des profits, suivant le grade et l'emploi de chacun. Les naturels du pays auraient été maintenus dans leurs propriétés, tout autant qu'ils auraient justifié qu'ils étaient propriétaires. Tout cela aurait eu lieu dans la province de Constantine, que le Gouvernement aurait cédée à la Compagnie. La Compagnie en est encore au prospectus.

Société anglo-française. — Le *Moniteur algérien* avait annoncé, le 1er juillet 1836, une société ainsi nommée, qui devait entreprendre la colonisation avec 75 millions. Voyez le Prospectus.

Association préparatoire. — Telle est la dénomination d'une association qui devait engendrer la grande société d'Afrique. On lit à la page 10 du prospectus que le capital social est de 160,000 f., et que les risques à courir sont de 110,000 fr.; à la page 11, on évalue les bénéfices possibles à réaliser, par l'Association préparatoire, à 197,500,000 fr.; *lesquels* 197,500,000 *fr., divisés par* 110,000 *fr., donneraient par risque de* 1,000 *fr., en négligeant les centimes, un béné-*

fice de 1,795,454 fr. L'Association préparatoire peut donc donner mille sept cent quatre-vingt-quinze fois le capital; l'auteur, pour arriver à ce résultat, avait fait intervenir la Société d'Afrique, qui aurait payé à l'Association préparatoire ce qu'elle aurait demandé pour les valeurs qu'elle en aurait reçues; et cela était d'autant plus facile que l'auteur se constituait directeur des deux Sociétés.

Société d'Afrique.—C'est la fille bien aimée de la précédente. On a pu craindre à l'allure de la mère qu'il ne restât pas grand'chose à celle-ci. Mais le prospectus nous rassure, il nous dit à la page 11 : « Quelque énormes que soient les bénéfices réservés à l'Association préparatoire, ils ne peuvent cependant diminuer en rien ceux que la Société d'Afrique doit réaliser à son tour. »

Compagnie d'exploitation de la Rassauta.—On avait fait grand bruit de prétendus établissemens de M. le prince de Mir, auquel avaient été concédés 8,000 hectares audit lieu. Un grave magistrat d'Alger s'était donné la peine de composer sur la Rassauta une espèce de poème en prose qui a été distribué aux Chambres [1] : la croix et le croissant cheminaient d'accord comme Paul et Virginie; c'était à la Rassauta que devait se consommer le mariage de l'Orient avec l'Occident. Une

[1] *Voyage à la Rassauta*, par M. Solvet. Alger, 1836.

ville nouvelle devait être fondée; mais en Algérie, les trompettes de Jéricho se font plus facilement entendre que la lyre d'Amphion. Nous avons cité la possibilité du succès de M. de Mir : M. de Mir est tombé en commandite : on a pu prendre douze cents actions de 1,000 fr. chez MM. Duclozel et de Rostaing [1]. 1,200,000 fr. pour une concession qui a été faite moyennant une redevance annuelle de 50 cent. par hectare, soit 4,000 fr. On voit que les auteurs se mettent à l'aise. Je ne prendrai pas d'actions.

Compagnie d'exploitation de Rehghaya. — Une notice emphatique sur ce domaine nous apprend que l'on a commencé à cultiver, en 1837 [2], et le *Moniteur algérien* nous apprend de son côté que, le 8 mai de la même année, ce domaine est envahi et pillé par les Isser et les Amaroua. Le colonel Schauenburg arrive au secours avec 1,200 hommes : deux vaisseaux se portent sur Dellys. Pendant un mois, nous mettons en mouvement un corps d'armée et une flotte; nous perdons 11 hommes; nous avons 80 blessés, et nous tuons 604 Arabes, le tout pour l'imprudence de deux colons qui ont été se camper étourdiment au milieu d'ennemis. Où en est la Rehghaya?

[1] *Revue africaine*, décembre 1836.

[2] *Notice sur le domaine de Rehghaya.* Paris, imprimerie d'Éverat.

elle s'est constituée en commandite au capital de 600,000 fr.[1]. Elle fera bien de s'assurer, et de ne pas compromettre davantage nos soldats, qui, en vérité, ne sont pas destinés à aller l'engraisser de leur sang.

Compagnie africaine. — Constituée au capital de 12 millions de francs, elle devait bâtir des villages et des fermes, fournir les colons de bétail, mobilier et semence. En dix ans, le colon devait (suivant le prospectus) économiser 22,000 fr. sur une culture de trente hectares; et la Compagnie devait (toujours suivant le prospectus) quadrupler son capital ou en obtenir 34 p. 100[2].

Association nationale pour la Colonisation de l'Algérie.—Celle-ci est certes de toutes la plus bouffonne. L'auteur s'est emparé des noms les plus recommandables pour en faire ses banquiers et ses conseillers. J'ai parlé à quelques uns de l'état de la Société : ils ne connaissaient pas même de nom la Société; l'Association nationale avait décrété un fonds social de 20 millions. Nous ne désespérons pas encore assez du bon sens public pour penser qu'il y ait eu pour 50 fr. de souscriptions.

Banque bienfaisante. — Le colon à l'état nor-

[1] *Revue africaine*, décembre 1836.

[2] *Lettre sur la Colonisation des Possessions françaises*, par M. Hubert-Saladin, p. 80.

mal a très peu d'argent : son crédit est tel qu'il emprunte à 36 et 60 p. 100. M. Montagne propose une banque bienfaisante[1], commanditée par le Gouvernement pour le tiers ou la moitié de son capital réel, et pouvant émettre des billets pour deux fois ce capital. La Banque prête au colon, sur simples reconnaissances payables avec ses récoltes futures. Les billets sont reçus par les caisses de l'État, et M. Montagne ne les suit pas plus loin. Moi qui suis inquiet de leur sort, je prévois que le colon ne récoltant pas, ne paiera pas les reconnaissances qu'il a données à la Banque bienfaisante, que la Banque fera banqueroute, et que les billets qu'auront sous clef les caisses de l'État n'étant pas payés, viendront en déficit au budget, et tomberont ainsi à la charge de tous les malheureux de France.

Je suis fâché de combattre les désirs de M. Montagne. Je ne pourrais pas davantage consentir à ce que le Gouvernement prêtât aux colons sur hypothèque, ainsi qu'il le demande. Je ne pourrais pas non plus leur prêter les bœufs de l'armée. Je recommande son très bon livre aux personnes qui veulent étudier la culture en Afrique. M. Montagne se montre agriculteur distingué.

Que l'on ne pense pas cependant que ces publications n'aient pas de fâcheux résultats. Les

[1] *Physionomie morale et physique d'Alger*, p. 275.

prospectus sont répandus, on ne les analyse pas, mais on voit en tête : *Colonisation de la Régence d'Alger*, et on répète : Il paraît que l'on colonise Alger. Les intéressés le crient bien haut, et l'on prend toutes ces manœuvres décevantes pour le vœu de l'opinion publique.

La vérité, la voici ; ce n'est pas moi qui parle, c'est la *Revue africaine*, revue instituée pour le succès de la colonisation d'Alger, qui s'exprime ainsi en exposant la situation de sa protégée au 10 janvier 1838 : « Les possessions françaises en Afrique ne sont en réalité que celles d'un petit nombre de monopoleurs qui ont acheté fictivement ou à vil prix des terres qu'ils espèrent revendre bien plus cher, lorsqu'elles auront été engraissées par le sang de nos soldats! infâme métier!... *A chaque soldat qui tombe, un spéculateur qui se lève et dit : Mon bien vaut plus !* »

Essais proposés.

Avant de passer à l'examen du seul système que l'on puisse suivre en Afrique, nous devons balayer le terrain de plusieurs idées inapplicables, qui ne peuvent que nous troubler dans nos recherches. Plusieurs idées inapplicables.

M. Genty de Bussy, ancien intendant civil, avait pensé que nous avions vis-à-vis des indigènes deux puissans élémens de conviction : *notre religion et notre Charte*. « Employons-les La Charte, la religion.

avec prudence, ne les appelons que lorsque l'heure sera venue [1]. » Nous avons eu la prudence de ne pas parler du Christ aux sectateurs de Mahomet, ils nous reprochent de n'avoir aucune religion, et de n'être pas même chrétiens [2]. L'heure n'est pas encore venue d'appliquer notre Charte aux Arabes, et d'envoyer le Bulletin des lois dans les douars. M. de France n'a jamais pu faire comprendre à Abd-el-Kader le rouage admirable des trois pouvoirs dans le gouvernement représentatif [3]. Ben-Arach, qui les voit fonctionner depuis trois mois, les fera probablement mieux apprécier par l'émir.

Chemins de fer.

M. Genty de Bussy s'applaudirait beaucoup de l'établissement d'un chemin de fer. La vue, dit-il, subjuguerait les indigènes par l'admiration [4] : c'était ainsi que dernièrement on voulait subjuguer les populations de France, en présentant à leurs yeux étonnés la splendeur de l'administration, perchée sur les waggons gouvernementaux de M. le Ministre des travaux publics.

Réunion à la France.

D'autres esprits plus pressés proposent tout

[1] *De l'Établissement des Français dans la Régence d'Alger*, tome Ier, p. 147.

[2] *Annales algériennes*, tome II, p. 201.

[3] *Les Prisonniers d'Abd-el-Kader*, tome II, p. 265.

[4] *De l'Établissement des Français dans la Régence d'Alger*, tome Ier, p. 208.

simplement la réunion d'Alger à la France. Ils ne me paraissent pas avoir réfléchi à cette proposition. Il est fâcheux qu'ils n'aient pas essayé de la formuler d'une manière sérieuse : cela les aurait conduit à examiner les différens modes qui auraient pu satisfaire leur bon vouloir.

Les réunionistes veulent-ils que l'Algérie soit assimilée à la France? régie comme la France? Ils demandent alors ce qui n'existe pour aucune partie du territoire extra-continental de la France: ainsi la Corse, dont l'administration se rapproche le plus de l'administration de la France, n'a pu que petit à petit arriver à ce résultat, et la Corse européenne et catholique avait suivi à peu près les mêmes phases de civilisation que le midi de l'Europe. — Sous le rapport commercial, il sera impossible à toujours de consacrer libre pratique entre la Corse et la France, tant qu'il y aura des douanes en France. Les dangers de la contrebande s'y opposent absolument. — Fera-t-on pour Alger ce que l'on ne fait pas pour la Corse? et aventurera-t-on ainsi une recette de plus de 100 millions? — Donnera-t-on à l'Algérie des représentans qui viendront à la Chambre apporter leur vote au Ministère en échange de tous les bons offices que leur localité réclamera de la France? Faudra-t-il que les représentans besogneux de l'Afrique viennent mettre leur vote dans la balance des intérêts de l'État?

La Grande-Bretagne a-t-elle à se féliciter d'avoir réuni l'Irlande à son vieux pays d'Angleterre? Cet acte, que l'on a cru politique dans le temps, a-t-il mis un terme à la guerre civile en créant la guerre parlementaire? Y a-t-il d'autre issue possible que l'indépendance pour un pays qui cause des angoisses si vives à la métropole, que celle-ci pensait que, pour le bonheur des deux, l'Irlande devrait passer une heure sous l'eau. Aujourd'hui même, O'Connel proclame au Parlement que l'Angleterre cherche en vain depuis sept cents ans comment elle administrera l'Irlande, et que l'union n'est qu'un acte écrit sur parchemin [1].

Naples et la Sicile sont-ils en meilleure harmonie? Naguerre encore le pouvoir de Naples se manifestait en Sicile par les tribunaux militaires qui essaient de comprimer les mécontens.

La Pologne est-elle d'un grand secours pour la Russie? ne lui a-t-elle pas été dangereuse en 1830, et les anciennes provinces polonaises ne commençaient-elles pas à frémir aux portes même de Pétersbourg?

La Sainte-Alliance avait-elle conçu une meilleure combinaison en mettant la Belgique sous le joug de la Hollande? Le premier mouvement po-

[1] Séance de la Chambre des Communes, des 14 et 15 mai 1838.

pulaire a fait justice d'une union contraire à l'intérêt des deux peuples.

Algér-Hanovre.

Les réunionistes veulent-ils avoir à côté de la France une possession flottante, une espèce de Hanovre, comme doit le proposer un de mes honorables collègues de la Chambre? Est-ce en 1838 que la France reconnaîtra qu'une portion de son territoire lui appartiendra ou ne lui appartiendra pas, suivant la situation généalogique de la famille régnante? Quand la France aura érigé l'Algérie en vice-royauté pour un prince français, les choses seront-elles modifiées en Afrique? les Arabes seront-ils soumis? L'Europe a déjà fait en Grèce un essai analogue, elle lui a envoyé un roi, de l'argent, des conseils et des protocoles. Les Grecs ne s'en trouvent pas mieux; Othon regrette sa Bavière. Je plaindrais le malheureux prince que l'on attacherait ainsi aux côtes de l'Afrique; je plaindrais la France d'être appelée à soutenir par ses trésors et le sang de ses enfans une conception aussi malheureuse.

Alger-colonie.

Les réunionistes veulent-ils, comme l'avait proposé M. Mérilhou à la Chambre des Pairs, réunir notre conquête au territoire colonial de la France [1]? A quel territoire colonial M. Mérilhou voulait-il réunir l'Algérie? Est-ce au territoire colonial des Antilles, de la Guyane et de

[1] *Moniteur* du 6 janvier 1838.

Bourbon, qui sont régis par des lois, ou au territoire colonial du Sénégal, de Pondichéry ou Chandernagor, qui sont régis par des ordonnances? Quel est le système politique que M. Mérilhou adoptera avec une population fanatique dont le sol, accidenté partout, fait surgir des guerriers courageux? M. Mérilhou prétend-il en agir avec eux comme avec les Noirs de nos colonies? Quel système commercial établira-t-il entre la France et Alger? Sera-ce le régime colonial dont personne aujourd'hui ne veut plus, au point qu'un délégué des Antilles faisait l'an passé, à la Chambre des Députés, la proposition suivante : « Les colonies françaises sont autorisées à exporter leurs sucres à l'étranger par navires français, et à s'approvisionner de tout dans les ports de déchargement de marchandises étrangères [1]? » Il aurait fallu aborder tous ces points de la question, et bien d'autres encore, et M. Mérilhou en aurait lui-même reconnu l'impraticabilité.

[1] Proposition de M. Mauguin, *Moniteur* du 2 juin 1837.

CHAPITRE V.

SYSTÈME ARABE.

SOMMAIRE.

Vues de la Restauration. — Le Gouvernement de Juillet s'en écarte. — Il cède à l'opinion publique. — Quoique Alger soit une mauvaise affaire. — Il considère l'Afrique comme un moyen gouvernemental. — Les événemens conduisent à l'établissement de la nationalité arabe. — Idées générales. — Abd-el-Kader. — Traité avec le général Desmichels. — Traité de la Tafna. — Progrès d'Abd-el-Kader. — Il profite de l'expédition de Constantine. — Les traités sont des causes de guerre. — Au sujet des limites. — De l'administration. — Du commerce. — La nationalité arabe doit être libre. — Abd-el-Kader progressif. — Son pouvoir centralisé. — Reconnu par le Gouvernement. — Le système arabe satisfait nos intérêts. — Admet notre occupation maritime. — Ses avantages. — En temps de paix. — En temps de guerre. — Intérêts de la France. — Véritable popularité.

CHAPITRE V.

SYSTÈME ARABE.

Vues de la Restauration.

La politique de la Restauration s'est montrée habile dans la conduite des affaires d'Alger avant la conquête. Elle avait espéré obtenir en Afrique, et sans intervention directe, un ordre de choses satisfaisant pour la France et l'Afrique. En 1829, Mehemet-Ali s'était engagé vis-à-vis d'elle à prendre possession des trois Régences, à détruire la piraterie, l'esclavage des chrétiens, et les autres usages qui mettaient la Barbarie en dehors de la civilisation européenne. Le Gouvernement français, qui avait déjà sacrifié 20 millions pour le blocus d'Alger, arrivait plus facilement à son but en fournissant à Mehemet quelques subsides. Mehemet devait gouverner les trois Régences au nom du Sultan, et lui payer tribut. De son côté, la Porte ne devait pas voir avec peine se porter vers l'Occident le vassal qui déjà jetait les yeux sur la Syrie; elle révélait aux ambassadeurs de France et d'Angleterre qu'elle « était dans une situation à ne pouvoir se déclarer ouvertement en faveur de l'attaque contre les Régences;.... que c'était une de ces entreprises qu'elle ne pouvait avouer;.... » mais elle n'exprimait ni blâme ni inquiétude. La Russie et la Prusse étaient entrées dans les vues de la France; l'Autriche élevait des difficultés : l'Angleterre s'opposa autant qu'il était en elle. Le Gouvernement français ne pouvant vaincre sa résistance, et Mehemet ayant reçu les intimations du cabinet de Saint-James, force fut à la France de renoncer à sa combinaison, et d'agir par elle-même. Il est funeste aujourd'hui, pour elle, que le premier projet de M. le prince de Polignac ait échoué. Mehemet, n'ayant pas à combattre l'opposition de la Porte, aurait probablement réussi; faisant en Afrique ce qu'il fait aujourd'hui en Syrie dans des circonstances un peu analogues, il aurait insensiblement préparé un ordre de choses meilleur chez les Barbaresques.

La Restauration, en faisant la conquête d'Alger, n'avait nullement entendu arriver au point où nous en sommes aujourd'hui. Son intention, indiquée par l'article du *Moniteur* du 20 avril 1830, avouée par M. de Polignac d'après la dépêche de lord Stuart au comte Aberdeen du 23 avril, « de venger la dignité de la Couronne, de délivrer la France et l'Europe du triple fléau que les puissances chrétiennes ont enduré trop long-temps :

l'esclavage de leurs sujets, les tributs que le dey exige d'elles, et la piraterie, qui enlève toute sûreté à la Méditerranée. »

C'est dans ces termes que l'opinion publique a été saisie de la question, et que les communications diplomatiques ont eu lieu. La France s'engageait à s'entendre avec ses alliés sur le nouvel ordre de choses qui devait être établi à Alger, dans le cas où le pouvoir existant viendrait à se dissoudre[1]. Après la prise d'Alger, le prince de Polignac donne à lord Stuart, qui vient le complimenter, l'assurance que le succès ne changeait rien aux dispositions du Gouvernement. Ces dispositions reçoivent un commencement d'exécution, ainsi qu'on peut le voir par la lettre du Président du conseil à M. de Bourmont, du 4 juillet 1830, et par la réponse de ce général, du 25 du même mois.

En abordant en Afrique, quelle a été notre attitude vis-à-vis des populations indigènes? celle que le général Bonaparte avait prise en mettant le pied en Égypte : il s'adressait aux Égyptiens, et cherchait à les soulever contre les Beys et les mamloucks leurs oppresseurs[2]; il leur faisait ensuite parler par les cheicks. Nous, également,

[1] Circulaire du 4 mars 1830.

[2] Proclamation d'Alexandrie du 13 messidor an 6.

nous nous adressions aux indigènes, nous leur remettions *des proclamations rédigées en France*[1].

Le Moniteur du 4 juillet rapporte : « Notre camp a pris depuis plusieurs jours un aspect tout africain. Les Arabes y viennent souvent en amis. Un de leurs parlementaires vient chaque matin voir un fils blessé. Il retourne ensuite chez lui emportant *des proclamations* en langue arabe, qu'il répand dans le pays. Chaque matin on en place un grand nombre au bout des piques, et les Bédouins viennent les prendre. Ils savent déjà que ce n'est pas à eux qu'on en veut. » Une de ces proclamations, distribuée par le consul de France à Tunis, disait : « Nous Français, vos amis, partons pour Alger. Nous allons en chasser les Turcs, vos tyrans, qui vous persécutent, qui vous volent vos biens et les produits de vos terres, qui ne cessent de menacer vos vies. Nous ne conquérons pas la ville pour en demeurer maîtres. Soyez unis à nous, soyez dignes de notre protection, *et vous régnerez, comme autrefois, dans votre pays, maîtres indépendans de votre sol natal.* » M. de Bourmont, dans une proclamation habilement calquée sur celle de Bona-

[1] Journal du général Desprès, chef d'état-major, p. 99.

parte, disait aux habitans de la régence d'Alger : « Quant à vous, habitans des tribus et des villes, sachez que je ne viens pas pour troubler votre repos, ni pour vous faire la guerre... Notre présence sur votre territoire n'est pas pour faire la guerre à vous, mais seulement à la personne de votre pacha qui, par ses procédés, est cause qu'il est persécuté; par ses actes, bientôt tous vos biens auraient été pillés, vos personnes exterminées, et votre pays entièrement ruiné....... Abandonnez votre pacha pour suivre nos sages conseils, qui ne tendent qu'à vous rendre heureux. »

Le Gouvernement de Juillet s'en écarte.

Il faut, de la part du parti qui prend en main la cause de la Restauration, une bien grande ignorance des faits pour avoir reproché à la révolution de Juillet de vouloir abandonner Alger.

Le reproche que la Restauration pourrait adresser à la révolution de Juillet serait de s'être jetée dans une voie dangereuse, et d'avoir compromis, par sa faiblesse et ses incertitudes, les résultats que semblait promettre une expédition aussi habilement conduite qu'heureusement terminée.

Il cède à l'opinion publique.

Le tort du Gouvernement est de s'être laissé influencer dans le principe, et de n'avoir pas éclairé l'opinion publique au moment où on commençait à l'égarer. Les difficultés du Gouvernement étaient grandes à cette époque, nous le savons : ces difficultés même lui prescrivaient de signaler à la France les dangers d'une occupation qui éloignait des troupes dont elle pouvait avoir besoin sur le continent. Depuis, l'opinion toujours abusée a grandi ; aujourd'hui elle domine le Gouvernement, et étendra sa funeste influence jusqu'au moment où de nouveaux dangers lui ouvriront les yeux.

M. le directeur des affaires d'Afrique a constaté la modification subie par le Gouvernement ; il disait à la commision envoyée en Afrique : « Depuis qu'il est question de substituer, à une occupation temporaire de la Régence, un établissement définitif....... »

Quoique Alger soit une mauvaise affaire.

Le Gouvernement avait bien la conviction qu'Alger était une mauvaise affaire ; on lui avait dit, dans la commission envoyée en Afrique, que c'était *un legs onéreux que lui avait légué la Restauration*, que *c'était un conquête fâcheuse*, que la France avait *pour cette conquête un aveugle engouement*.

M. Thiers, qui se présente aujourd'hui comme l'un des plus grands partisans de l'Afrique, disait : « Certainement, si aujourd'hui Alger était à conquérir, si c'était un caprice français, si l'on nous disait aujourd'hui : Armez vos vaisseaux, embarquez vos soldats pour aller conquérir l'Afrique, oh ! je ne le conseillerais pas à la France, car je crois qu'il serait peut-être plus utile d'achever beaucoup d'amélio-rations intérieures, que d'aller porter nos armes au loin[1]. Je ne sais pas un homme de sens qui, si l'Afrique était à occuper, irait entraîner la France dans une pareille entreprise... Je n'irais pas occuper Alger aujourd'hui, si cela était à faire[2]. »

M. Thiers reconnaît donc que la conquête d'Alger est une chose funeste; mais il ne s'ensuit pas que la Restauration ait eu tort de faire l'expédition d'Afrique. C'est la révolution de Juillet qui a laissé transformer une opération politique, habilement exécutée, en une conquête irréfléchie.

Le Gouvernement, qui n'avait pas la force de résister à l'opinion publique, n'avait pas non plus le courage d'apprendre à l'opinion publique l'abîme dans lequel ses voeux précipitaient la France; s'il eût exposé les moyens nécessaires pour parvenir à ses fins, elle eût reculé, sans doute, mais il craignait qu'on l'accusât de vouloir effrayer pour préparer à l'abandon.

Le Gouvernement vécut donc au jour le jour, profitant, à l'occasion, de la position qu'on lui avait imposée en Afrique, pour éloigner des mé- Il considère l'Afrique comme un moyen gouvernemental.

[1] Discours à la Chambre des Députés, *Moniteur* du 10 juin 1836.

[2] *Ibid.*, du 22 avril 1837.

contens, satisfaire des ambitions et se créer des partisans, et, par-dessus tout, pour arriver à augmenter, malgré le vœu des Chambres, l'effectif de l'armée. C'est là que, chaque année, ses prétentions se révèlent; en un mot, l'Afrique est pour lui un moyen gouvernemental.

Les événemens conduisent à l'établissement de la nationalité arabe.

Néanmoins les faits ont marché en Afrique, et quoique souvent produits par le hasard, en l'absence de toute direction, ils ont amené des impossibilités et des nécessités.

L'impossibilité, comme nous l'avons exposé, est de gouverner le pays par nous, soit directement, soit indirectement. Nous mettons hors de question la colonisation, impossible de sa propre nature.

La nécessité est d'administrer le pays par le pays. Il n'est plus temps de discuter si la chose est bonne pour nous et pour les Arabes; les événemens et nos fautes ont amené ce qu'il eût été plus habile de concevoir. Nous avons reconstitué, dans l'Algérie, la nationalité arabe plus vigoureuse qu'elle n'existe nulle part ailleurs. Nous ne pouvons aujourd'hui, en ajoutant à toutes nos fautes passées, entreprendre de l'étouffer; nous devons, au contraire, rechercher en elle ce qu'elle peut présenter de bon pour nous, pour elle et pour les progrès de la civilisation.

Idées générales.

Le gouvernement d'un peuple est d'autant plus fort, d'autant plus stable, que ses racines sont plus profondes dans le sol national. Lorsque ce peuple est abandonné à lui-même, il parvient toujours, après plus où moins de révolutions, à faire surgir le gouvernement qui lui convient le mieux : alors il a l'espoir du repos et des améliorations possibles; car son gouvernement est fondé sur la nature des choses, ses vœux et ses besoins. Si une influence étrangère domine ce peuple, il progresse en silence; et après avoir souffert une domination qu'il finit par secouer, il arrive à la crise révolutionnaire qui doit enfanter son gouvernement national. Malheur alors au dominateur qui ne veut pas accepter la nécessité! ses efforts sont inutiles, et ils prolongent seulement la crise.

Tel est l'état des choses en Afrique : une nationalité nerveuse s'était partout réveillée à notre voix et au bruit de nos armes, qui venaient de briser les armes des Turcs et de renverser leur pouvoir; et cependant le pouvoir turc avait la sympathie religieuse des Arabes. Nous, que notre religion rend antipathiques aux Arabes, pouvons-nous ressaisir le pouvoir turc?

La population de la Régence est évaluée à 2,800,000 habitans, en presque totalité arabe et kabaïle; les Maures et Koul-Oglous ne peuvent y entrer que pour 40,000, les Juifs pour 18,000, la population mêlée de nègres, Mozabites, etc., pour 5,000, et les Européens pour 16,000. Les Turcs ont presque disparu de la Régence; parmi ceux qui restent, les uns sont dans nos rangs et les autres sont dans les rangs d'Abd-el-Kader ou d'Achmet. On voit, par la répartition de la population, où est la force numérique.

Abd-el-Kader.

Dans les crises révolutionnaires, et lorsque les populations soulevées sont animées de passions politiques ou religieuses, il se révèle toujours un homme politique ou religieux qui est accepté par ces populations comme le représentant et l'expression de leurs idées : le mouvement se régularise alors; la puissance de cet homme est immense, et si son génie est à la hauteur de sa mission, il peut accomplir de grandes choses. Cet homme s'est révélé en Afrique depuis notre occupation : on a dit que c'étaient nos fautes qui l'avaient élevé; elles y ont contribué sans doute; nos fautes sont un des élémens qui ont produit le grand mouvement qui agite aujourd'hui l'Afrique; mais nos fautes n'ont pu donner à Abd-el-Kader ni sa position sociale, ni ses qualités personnelles. Voici ce que M. Pellissier dit de cet homme remarquable.

« Abd-el-Kader (el Hadji) ou Sidi-Mahiddin, appartient à une très ancienne famille de marabouts, qui fait remonter son origine aux kalifes fatimites. Il naquit à la Guetna, aux environs de Mascara. Cette Guetna est une espèce de séminaire de jeunes gens, pour les instruire dans les lettres, la théologie et la jurisprudence. Abd-el-

Kader fut aussi bien élevé qu'un Arabe peut l'être, par son père, qui trouva à exploiter en lui une nature intelligente et vigoureuse..... A vingt ans il se faisait remarquer par toutes les qualités que les hommes aiment à voir dans ceux qu'ils mettent à leur tête..... Sa physionomie est douce, spirituelle et distinguée..... ses manières sont affectueuses et pleines de politesse et de dignité; il se livre rarement à la colère, et reste toujours maître de lui. Toute sa personne est séduisante; il est difficile de le connaître sans l'aimer.

« Abd-el-Kader aime beaucoup l'étude, à laquelle il consacre le peu de momens de loisir que lui laisse sa vie agitée; il a une petite bibliothèque qui le suit dans toutes ses courses.

« Abd-el-Kader paraît avoir des idées religieuses et providentielles, mais il n'est pas fanatique. Il ne craint pas de discuter avec des chrétiens sur des affaires de religion, et il le fait sans aigreur et avec politesse. Il est honnête homme, a des principes de moralité bien établis..... Rien n'est plus éloigné de son caractère que la cruauté..... il s'est toujours montré, lorsqu'il l'a pu, clément et généreux envers ses ennemis.

« Abd-el-Kader est d'une grande bravoure; cependant son esprit est plus organisateur que militaire..... Il ne paraît envier à l'Europe que des perfectionnemens matériels, et il fait peu de cas de notre civilisation..... Ce qu'il admirait le plus en Bonaparte, c'était non ses triomphes militaires, mais l'ordre qu'au sortir d'un bouleversement général il avait su faire régner dans ses états..... *Le plus grand mal que nous ait fait Abd-el-Kader a été de nous mettre dans la nécessité de ne représenter dans ce moment qu'une idée brutale, une idée de destruction; tandis qu'il représente, lui, une idée morale, une idée d'organisation.* [1] »

Le général Desmichels en porte un jugement aussi favorable [2]. J'ai préféré donner l'opinion de M. Pellissier, qu'on ne peut soupçonner de prévention en faveur de l'émir.

M. de France, officier de marine, a eu, pendant cinq mois de dure captivité qu'il a passés au milieu des Arabes d'Abd-el-Kader, l'occasion de juger leur chef; et les souffrances qu'il a endurées ne l'empêchent pas de lui rendre justice. « Abd-el-Kader se présente aux yeux de son peuple simple dans ses vêtemens, frugal dans sa nourriture, austère dans ses moeurs, rigide dans sa dévotion, rusé dans ses négociations, noble et fier à cheval, juste et inexorable quand il prononce un arrêt [3]. »

Lors de la prise d'Alger, les Turcs qui étaient

[1] *Annales algériennes*, tome II, p. 357.
[2] *Oran sous le commandement du général Desmichels.*
[3] *Les Prisonniers d'Abd-el-Kader*, tome II, p. 263.

à Mascara furent chassés par les Arabes. Quelque temps après et lors de son retour de la Mecque, les tribus voisines voulurent élire pour leur chef le marabout Sidi-Mahiddin, père d'Abd-el-Kader. Mahiddin était âgé et dirigea leur choix sur Abd-el-Kader, le plus jeune de ses fils, qui avait déjà fait avec lui le saint pèlerinage, et auquel la voix publique attribuait une mission prophétique à remplir.

Ce fut pendant le commandement du général Boyer à Oran qu'Abd-el-Kader commença à se faire connaître dans la carrière des armes. Pendant la lutte avec nos troupes il se montra toujours des plus ardens et des plus braves; plus tard il se montra habile dans les négociations, et en tout temps sa piété lui conserva le renom de sainteté qu'avaient ses ancêtres.

Lorsque le général Desmichels prit le commandement de la province d'Oran, en avril 1833, Abd-el-Kader était déjà le chef des Arabes : les Turcs avaient disparu de plusieurs points de la province; le général Desmichels, en occupant Arzew le 4 juillet, et Mostaganem le 28, avait détruit le peu d'influence qu'ils avaient conservée de ce côté; enfin le Turc n'avait plus d'existence que dans Tlemecen, où il était bloqué par l'Arabe.

Les 200 Maures et les 3,500 Juifs qui habitaient Oran, n'avaient aucune valeur dans le débat politique.

Traité avec le général Desmichels.

Le général Desmichels se trouvait donc en présence de la nationalité arabe, et comme son but était la pacification, sa position était simplifiée. Mais il n'était pas facile d'en venir à cette pacification, même de nouer des négociations avec un chef auquel la religion interdisait de rechercher la paix avec les chrétiens. Les avantages que les armes donnèrent au général Desmichels lui fournirent cependant l'occasion d'entrer en négociations avec lui : les premières eurent seulement pour objet des échanges de prisonniers. Le caractère de la réponse d'Abd-el-Kader fait bien connaître les sentimens qui étaient dans son cœur : « Chacun son tour, entre ennemis; un jour pour vous, un jour pour moi : le moulin tourne pour tous les deux, mais toujours en écrasant de nouvelles victimes. Néanmoins, c'est un devoir religieux pour chacun de nous, et il faut l'accepter. Pour moi, quand vous m'avez fait des prisonniers, je ne vous ai jamais fatigué de demandes en leur faveur. J'ai souffert comme homme de leur malheureux sort; mais, comme musulman, je regarde leur mort comme une vie nouvelle, et leur rachat de l'esclavage, au contraire, comme une mort honteuse, aussi n'ai-je jamais demandé leur grâce[1]. »

Néanmoins, après de nouveaux combats, où la prudence du général Desmichels ne lui fit entre-

[1] *Oran sous le commandement du général Desmichels*, p. 79.

prendre que ce que lui permettait le petit nombre de troupes à sa disposition, Abd-el-Kader, après avoir consulté plusieurs chefs, s'était décidé à entrer en négociations : il avait envoyé à Oran Ben-Arrach pour les terminer; elles le furent par le traité du 26 février 1834.

Nous dirons plus tard notre opinion sur les traités que l'on peut faire en Afrique. Aucun ne peut avoir de durée. Il n'y avait pas d'harmonie entre le gouverneur d'Alger et le commandant d'Oran, M. Desmichels fut remplacé par le général Trézel. Survint la journée du 28 juin 1835. La Macta fut le signal de toutes les expéditions qui affligèrent cette malheureuse province.

Il avait fallu venger nos armes outragées : nous prenons et incendions Mascara. Nous indiquons ainsi à Abd-el-Kader son côté faible, il se rejette sous la tente : a-t-il perdu de sa force? avons-nous diminué sa puissance par nos courses d'Oran à Tlemecen, de Tlemecen à la Tafna, et de la Tafna à Oran? presque partout nous l'avons rencontré, mais sans l'atteindre.

Le général Bugeaud lui a prouvé à la Sickah que l'Arabe ne pouvait pas soutenir le choc des Français; aussi sa tactique a-t-elle été d'éviter le combat, et de se tenir prêt à profiter de nos moindres fautes.

La victoire de la Sickah avait donné au général Bugeaud tous les avantages qu'il pouvait espérer. Traité de la Tafna.

Cette victoire vengeait nos armes des revers causés par la rigueur du temps, mais dont les Arabes n'ont pas à se glorifier. L'année suivante, le général Bugeaud se trouvait à la même place avec une belle et brave armée. Il aurait vaincu sans doute, si toutefois il avait pu forcer les Arabes au combat. Il se porte sur Tlemecen le 20 mai, sur la Tafna le 23; l'ennemi ne se présente pas, le général signe le traité de paix de la Tafna du 30 mai 1837. Nous en parlerons plus tard.

Nous faisons remarquer ici une nouvelle preuve des appréhensions du Gouvernement. C'était une pensée pacifique qui avait dicté le traité de la Tafna. L'opinion publique blâme ce traité, et, tout aussitôt, le Gouvernement semble vouloir racheter la faute qu'on lui impute en faisant contre Achmet une expédition impolitique.

Progrès d'Abd-el-Kader.

Le grand moyen d'action d'Abd-el-Kader est moral, fondé sur l'opinion du pays, sur la religion, et sur le besoin d'ordre qu'éprouve la population.

Dès 1835, lorsque les populations éloignées apprirent que la paix faite avec le général Desmichels avait ramené l'ordre et la tranquillité dans la province d'Oran, elles s'adressèrent à Abd-el-Kader pour obtenir le même bienfait. C'était vers lui que se tournaient les yeux des habitans des provinces d'Alger et même de Constantine. Le grand marabout de Miliana, et les chefs des provinces de Titterie et Constantine faisaient en même temps des ouvertures de paix au général Desmichels. Celui-ci ne pouvait prendre des dispositions pour les contrées en dehors de la province qu'il commandait. L'action d'Abd-el-Kader ne s'en étendit pas moins jusqu'à Miliana et Médéah. Le gouverneur-général voulait s'opposer à ce mouvement national, et pensa devoir empêcher les habitans de Medeah d'avoir recours à Abd-el-Kader. Mais ceux-ci lui répondaient, avec toute justesse, que s'ils désiraient la venue d'Abd-el-Kader, c'était dans l'espérance qu'il tirerait la province de l'anarchie où elle gémissait depuis quatre ans, et que les Français, qui n'avaient pas pu établir l'ordre, ne pouvaient trouver mauvais qu'un autre le fît. Un autre danger menaçait cette province : un chef du désert Mouça s'était emparé de Médéah et menaçait Miliana. Abd-el-Kader se porte contre lui, le défait et entre à Medeah en libérateur.

A cette époque, l'influence d'Abd-el-Kader s'étendait de Médéah à Tlemécen ; l'ordre régnait partout, les officiers français pouvaient traverser en sûreté cette partie de la Régence ; « les routes devinrent si sûres que, d'après l'expression des Arabes, un enfant pouvait les parcourir avec une couronne d'or sur la tête. » C'est M. Pellissier qui s'exprime ainsi : il voyageait alors en curieux dans la province d'Oran.

Depuis lors, le nom d'Abd-el-Kader a encore grandi; on espère en lui dans la province de Constantine, comme on avait espéré en lui dans la province de Titterie. Au commencement de 1838, il s'était porté jusqu'à Biban, aux portes de Fer, à quarante lieues sud-est d'Alger. Ferhat-ben-Sayet, le cheick du désert qui, un mois auparavant, était venu faire sa soumission à Constantine, et nous avait promis la ruine d'Achmet, se joint au parti de l'émir, et en son nom s'empare de Biscara. Abd-el-Kader donne à Abd-el-Salem l'investiture d'un beylick formé des territoires d'Amongah et de Medjana. Mouckrani, homme influent dans cette partie de la province de Constantine, et qui n'avait jamais payé tribut à aucun bey turc, se range du côté d'Abd-el-Kader. La plaine d'Hamsa le reconnaît, les Aribs lui paient l'achour, et il est sollicité par de nombreuses tribus de la province de Constantine.

L'autorité d'Achmet est compromise, la nôtre n'est pas établie, notre victoire n'a valu aux tribus que l'anarchie. Pour rétablir l'ordre, les populations ont recours à la puissance arabe qui grandit; Abd-el-Kader se décide à envoyer un de ses lieutenans contre Achmet, le dernier représentant de la puissance turque.

Il profite de l'expédition de Constantine.

C'est ainsi que se vérifient les avertissemens que nous donnons depuis deux ans, que la guerre que nous faisions à Achmet devait profiter à Abd-el-Kader.

Cette guerre, envisagée sous ce point de vue, pouvait avoir un but politique : on pouvait atteindre ce but par moins de sacrifices. Les deux campagnes de Constantine ont produit un résultat contraire à notre volonté : cela fait peu l'éloge de notre intelligence et de notre habileté.

Ce ne sont pas seulement les populations qui témoignent de leur sympathie pour Abd-el-Kader. Les idées religieuses lui ramènent aussi les corps musulmans qui avaient survécu à la destruction des Turcs. 400 Koul-Oglous de Tlemecen se rangent sous ses drapeaux, et dans l'est il reçoit la soumission de 300 hommes attachés à Achmet.

Lorsque nous avons appris le traité de la Tafna, nous nous sommes réjoui de la cessation de la guerre, mais nous n'avons pas approuvé le traité, que nous ne considérons, aussi bien que le traité du général Desmichels, et tous autres qui seraient conçus dans le même esprit, que comme des essais pouvant indiquer la marche à suivre. Ces traités ne peuvent avoir de durée, ne peuvent que réserver aux deux parties des prétextes pour faire la guerre lorsqu'ils croiront y trouver leur intérêt : les difficultés qu'ils créent sont telles qu'il ne dépend même ni du bon vouloir ni de

Les traités sont causes de guerre.

l'habileté des chefs de maintenir la paix ; en un mot, la paix des traités est en Afrique une variante de l'état de guerre. C'est ce que nous explique M. Bernard, dans son exposé des motifs, avec une droiture dont nous le remercions. L'exécution du traité de la Tafna l'oblige à nous demander une nouvelle augmentation de forces en Afrique.

Difficultés des traités.

Ces traités et celui entamé avec Achmet contiennent des dispositions relatives aux limites, à l'administration, au commerce. Toutes ces dispositions sont autant de germes de mort de ces traités.

Au sujet de limites.

Limites. — Nous avons encore des limites à déterminer à la Guyane, il n'est pas étonnant que celles de l'Algérie ne soient pas fixées ; nous avons à nous entendre avec Maroc et Tunis ; ce que l'on fera nécessairement lorsque l'on procédera au cadastre monumental que nous promet l'administration. Les limites fixées par le traité de la Tafna à la Métidja, à l'est et au sud, donnent déjà lieu à des contestations. Dans la province de Constantine, c'est la difficulté d'établir des limites qui nous a entraînés à la dernière expédition ; et quand on pense que le principal conteste roulait sur Guelma, situé en dehors de toute base d'opérations militaires, mauvais poste s'il en fut, — où les anciennes ruines s'augmentent tous les jours des ossemens de nos soldats, qui y périssent inutilement, — on se rappelle ces longues guerres qui ont ensanglanté le nouveau monde au sujet de plages désertes.

Administration des populations. En dehors et en dedans de ces limites sont des populations indigènes : leurs habitudes nomades et leur soumission ou leur insoumission à leurs chefs leur font souvent franchir ces limites. Ces populations passent de l'administration française à l'administration indigène, et de l'administration indigène à l'administration française, et nous apportent des conflits inextricables; Abd-el-Kader pense qu'il est bien de faire juger les musulmans par l'oukil des musulmans, les Français par le délégué des Français, et, dans le cas où la contestation intéresse Français et musulmans, de laisser les parties choisir leurs arbitres [1]. Pour nous, nous sommes possédés d'une dandinomanie telle que nous voulons juger tout le monde : les Français, les étrangers, les Juifs, les musulmans [2]. On envoie de Paris un juge de bonne volonté qui se charge d'arranger tout cela, avec le consentement, toutefois, des parties, lorsque ces parties sont des indigènes de la même religion : notre juge a donc à juger la contestation entre le Juif qui lui explique la loi hé-

De l'administration.

[1] Lettre d'Abd-el-Kader au général Bugeaud, août 1837.

[2] Art. 27 de l'ordonnance sur la Justice, du 22 juillet 1834.

braïque en langue franque, et le Maure qui lui explique le Koran en arabe. Un assesseur musulman donne son avis[1]. Un interprète tâche de lui faire comprendre ce qui a été dit, et la justice a son cours. Si la contestation a lieu entre un Espagnol et un indigène, le juge leur applique, *ad libitum*, le Koran ou le Code civil[2]. Si les parties ne sont pas satisfaites, elles peuvent appeler au tribunal supérieur, où les choses se passent avec la même lucidité, ensuite se pourvoir en cassation.

Le conflit entre les indigènes est souvent plus sérieux : ainsi les Douaires et Smelas furent les premières causes de la rupture du traité du général Desmichels. Ils ne pouvaient pas s'accorder avec Abd-el-Kader : nous leur donnâmes notre appui, et ils nous entraînèrent à la Macta. D'autres fois le conflit entre les indigènes ne retombe que sur nos finances : en février 1838, des Ouled-Zeithoun se réfugient sur notre territoire; on leur prête une ferme, on leur fait pendant un ou deux mois des distributions de blé et d'orge, et on met à leur disposition les instrumens nécessaires pour construire leurs maisons et labourer leurs terres.

Hors ce dernier cas, on conçoit toutes les

[1] Article 28 de ladite ordonnance.

[2] Article 31 de ladite ordonnance.

difficultés que doit amener le contact de populations antipathiques les unes aux autres, et la nécessité, en recevant les mécontens, de leur accorder une certaine protection.

Du commerce.

Difficultés provenant des relations commerciales. Ces difficultés sont des plus considérables. Elles causèrent en partie la rupture du traité du général Desmichels. On ne s'était pas suffisamment entendu sur la clause relative au commerce. Le commerce d'Arzew, et Dieu sait ce que c'est que le commerce d'Arzew, vint à jalouser le commerce que faisait Abd-el-Kader, et remplit de ses plaintes les oreilles du gouverneur et les cartons du Gouvernement. M. Bernard nous apprend, dans l'exposé des motifs, qu'Abd-el-Kader ne paraît pas bien comprendre la liberté du commerce telle qu'elle a été convenue par le traité de la Tafna; il est vrai que M. le Ministre ne nous dit pas comment il la comprend lui même. Veut-il empêcher l'émir d'établir un impôt de 5 pour 100 sur les produits sujets au commerce, lorsque nous, nous établissons en Afrique des droits de douane qui s'élèvent jusqu'à 15 pour 100? Nous nous sommes réservé le monopole du commerce des armes et de la poudre : est-ce une raison pour exiger que l'émir nous vende les chevaux à notre convenance? Nous demandons encore à M. Bernard si Achmet pouvait accepter la condition qu'il voulait lui imposer « d'envoyer à Bône, ou à tel point de la côte occupé par la France, et qui sera par elle désigné [1], » les caravanes de l'intérieur de l'Afrique qui se dirigent aujourd'hui de Constantine à Tunis; Achmet pouvait-il « interdire à ses sujets le commerce avec Tunis [2]? » aurait-il été obéi s'il l'avait ordonné? pouvait-il établir contre ses sujets une ligne de douanes comme nous en établissons une contre l'intérêt étranger?

Les Européens ont jadis ensanglanté les deux mondes pour savoir qui aurait le monopole du poivre des Grandes-Indes et des peaux du Canada; M. Bernard devrait bien nous dire ce dont on peut faire le monopole en Afrique, et comment nous pourrons obtenir le monopole dans un pays que nous ne pouvons posséder.

La nationalité arabe doit être libre.

On voit les difficultés qui surgissent pour la conclusion ou le maintien des traités conçus dans un but de fusion avec les indigènes, ou d'établissement dans leur voisinage; aucun de ces traités n'est possible. La cohabitation est un rêve; les deux races ne se mêleront jamais. Si la nationalité française ne veut pas entreprendre la destruction de la nationalité arabe, il faut qu'elle laisse à cette nationalité une action complète. Il faut que cette nationalité se développe chez elle par elle, et sans l'intervention de gens qui ne com-

[1] Lettre de M. Bernard à M. Damrémont, 21 sept. 1837.

[2] Lettre du même au même, 27 mai 1837.

prennent rien à ses besoins ; il faut que l'administration du pays sorte du pays. Sans doute, cette administration ne sera pas, dans le principe, bonne, tranquille, productive d'améliorations. Il suffit de jeter les yeux autour de soi pour sentir combien cette prétention serait irréfléchie. La plupart des pays sont encore en travail des améliorations les plus urgentes : que l'Algérie ait sa liberté d'action ; elle fera bientôt les progrès que comporte sa situation.

Chez un peuple où le Koran est la loi unique sur toutes les matières et pour tous les cas, la première condition est que celui qui donne l'impulsion réunisse en sa personne sainteté, courage, puissance de direction ; car il résume tous les pouvoirs de la société : le pouvoir sacerdotal, militaire, législatif, judiciaire et exécutif[1]. Peut-on nier que cette position ne soit éminemment favorable pour faire prévaloir des idées nouvelles ? N'est-ce pas par ce moyen que Mahmoud tente aujourd'hui de si grandes choses en Turquie, souvent même contre l'opinion des ulemas ? N'est-ce pas ainsi que Mehemet a introduit de grands changemens en Égypte ?

Abd-el-Kader progressif.

Abd-el-Kader, outre les qualités arabes et mahométanes que personne ne lui conteste, a le

[1] *Essai sur l'Histoire des Arabes*, par M. Viardot, t. II, p. 62.

sentiment des améliorations à introduire dans son pays. Au moment du traité avec le général Desmichels, il eut, pour l'accomplissement de ses projets, à combattre le parti fanatique; il était l'homme progressif et révolutionnaire; il se disposait à envoyer en France les fils et proches parens des personnages les plus considérables de la province, pour y prendre les connaissances d'un ordre élevé; il devait envoyer à Marseille une trentaine d'Arabes, pour y recevoir une éducation industrielle. C'est par ces moyens que la Turquie et l'Égypte viennent s'instruire en Europe des sciences et des arts qui font l'honneur de notre civilisation. Mais la guerre survint et le parti fanatique l'emporta. Il faut l'ordre et la paix pour pouvoir entreprendre des améliorations. Un pouvoir national attaqué, dans son existence, est obligé, au moment du danger, de s'appuyer sur les passions politiques ou religieuses du peuple confié à sa responsabilité.

Abd-el-Kader avait néanmoins déjà introduit certaines améliorations dans l'administration intérieure du pays : « S'étant aperçu que les cadeaux que l'usage permettait aux cadis de recevoir des plaideurs nuisaient à la bonne administration de la justice, il leur défendit, par une ordonnance, de rien accepter, et leur assigna un traitement fixe payé par l'État. Une autre ordonnance abolit la peine de mort pour le crime d'adultère.

Le génie de cet homme extraordinaire embrassait tout, et comme il n'avait autour de lui que des gens assez médiocres, il était forcé d'entrer dans tous les détails. Il attira à Mascara quelques ouvriers armuriers qui parvinrent à lui faire d'assez bons fusils sur des modèles français..... Les finances attiraient surtout l'attention de l'émir. Toutes les tribus lui payaient l'achour, impôt prescrit par le Koran, et le seul qu'il se crût en droit d'exiger. Pour augmenter ses revenus, il fit une recherche exacte de tous les biens du beylick, et les fit administrer pour le compte du trésor[1]. »

« Le désir d'Abd-el-Kader, de connaître notre législation, nos usages et notre organisation militaire, lui faisait adresser chaque jour de nouvelles questions au commandant Abdalla. Mais comme cet officier ne pouvait pas toujours lui répondre d'une manière assez complète, assez satisfaisante, il fut convenu qu'il serait dressé une série de questions auxquelles nous répondrions par écrit, d'une manière positive, avec les développemens convenables; de telle sorte que l'émir pût, sans crainte d'erreur, puiser dans ces renseignemens les idées d'améliorations qu'il jugerait applicables à sa nation[2]. »

[1] *Annales algériennes*, tome II, p. 262.

[2] *Oran sous le commandement du général Desmichels*, p. 176.

Que l'on compare les vues élevées du chef arabe à l'esprit borné des beys que nous avons employés ; que l'on pénètre dans cette atmosphère vivifiante dans laquelle s'inspire cette haute intelligence, on y sent la chaleur de la nationalité. A côté de lui, nos beys, dignes instrumens d'un indigne système, vont s'enfouir dans un silo, ou reçoivent froidement un peu d'argent pour tuer ou saluer, suivant nos idées du jour. Nos beys n'ont pu se produire qu'à l'ombre de notre drapeau, que souvent ils ont compromis. L'homme du pays survit à vingt défaites, et ne peut périr qu'avec le pays : un pays ne s'anéantit pas facilement.

Son pouvoir centralisé.

Les habiles blâment cette centralisation entre les mains d'un seul chef : ils trouvent peu politique d'accorder une telle influence à un seul homme ; ils préfèrent susciter plusieurs chefs, les opposer les uns aux autres afin de régner par leurs discordes : c'est l'ancien système du *divide*. Pour nous, nous pensons que c'est un pauvre moyen de gouvernement que celui qui consiste à opposer les individus ou les populations les uns aux autres, que c'est une triste puissance que celle qui ne peut se soutenir que par les semences de division qu'elle répand sur ses administrés ; que c'est un temps bien mal employé que celui consacré à l'étude de toutes les mauvaises passions des individus, et de tous les intérêts ennemis d'une multitude de tribus ignorantes. Il nous paraît plus moral et plus conforme aux destinées de l'humanité de réunir tous ces intérêts vers un but commun de prospérité.

La position que les événemens, les uns dépendans, les autres indépendans de nous, ont faite à Abd-el-Kader, est telle que le précis historique du Gouvernement nous dit : « Seul, il avait la force de dompter les passions locales, et d'absorber dans une grande unité la foule de petits pouvoirs dont les querelles sans cesse renaissantes désolaient le pays; à défaut de la France trop éloignée, et souvent invoquée en vain, c'est au *représentant de la nationalité arabe* que l'on allait demander justice ou secours [1]. » Reconnu par le Gouvernement.

Par ces paroles, le gouvernement reconnaît qu'il y a une nationalité arabe; que cette nationalité a un représentant, et que ce représentant a plein pouvoir dans le pays.

Que prétend donc faire le ministère par les menaces contenues dans l'exposé des motifs? Détruire la nationalité arabe? substituer à son chef d'élection et puissant des chefs imposés et impuissans? ressusciter les querelles qui désolaient le pays, et qu'Abd-el-Kader a su étouffer?

Si le *système arabe* que nous avons proposé l'an passé est le système le plus favorable aux Le système arabe

[1] Tableau de situation, p. 22.

satisfait nos intérêts. progrès des Arabes, il est pour nous le seul qui puisse concilier nos intérêts et notre honneur [1].

Admet notre occupation maritime. Avec ce système nous pouvons conserver les deux points maritimes que les marins jugeraient le plus utiles à notre navigation. Les Arabes, qui n'ont jamais ambitionné l'empire des mers, verraient sans crainte, auprès d'eux, la nation qui les aurait délivrés du joug des Turcs appuyer leur nationalité naissante de sa puissance maritime.

Ses avantages. Ils trouveraient dans ce voisinage des avantages plus certains que ceux de la piraterie à jamais détruite. De notre côté, nous obtiendrions ainsi les seuls résultats commerciaux que l'on puisse rechercher en Afrique; et en cas de guerre nous aurions deux ports de relâche pour nos vaisseaux.

Les petites garnisons entretenues sur ces points, n'ayant plus à faire ces courses stériles qui chaque jour les conduisent aux hôpitaux, vivraient en Afrique, comme les Anglais à Gibraltar, comme nous vivons à Ancône. Abondamment approvisionnées par le dehors, elles seraient encore pourvues par les indigènes. En vain dit-on que ceux-ci nous considéreraient comme des ennemis, et n'auraient de repos que lorsque nous aurions abandonné leur rivage. Quel serait leur

[1] *La Question d'Alger.*

intérêt, si, au lieu d'être leurs ennemis, comme aujourd'hui, nous nous montrons leurs amis sincères, les protecteurs de leur nationalité? Dans quel cas songeraient-ils à nous inquiéter?

En temps de paix européenne?... Mais ne savent-ils pas que nous pouvons envoyer des armées contre eux? et sans arriver à cette extrémité, n'aurions-nous pas entre les mains leur sort commercial, en interdisant, chose si facile, le commerce de la côte?

En temps de paix.

En temps de guerre européenne? C'est surtout alors qu'il serait préférable d'avoir, en Afrique, seulement 3 ou 4,000 hommes bien établis dans de bonnes positions maritimes, au lieu de 50,000 hommes répandus sur toute la surface de la Régence.

En temps de guerre.

Dans le système de l'occupation maritime nous sommes posés en amis des indigènes, et la puissance avec laquelle nous sommes en guerre n'a aucune action sur eux pour les lancer contre nous. Quand même ils le feraient, quel serait le résultat? Les Arabes n'entreprendraient certes pas de nous attaquer : ils n'ont jamais pu prendre un seul blockaus. Serait-ce la puissance ennemie qui viendrait risquer un siége sur la côte d'Afrique, après les exemples si mémorables de désastres? non certes. Qu'y aurait-il donc à craindre? que les Arabes, d'une part (nous maintenons que c'est impossible dans ce système), nous refusent, en échange de notre argent, les approvisionnemens dont nous aurions besoin, et qu'en même temps nos deux ports soient tellement bloqués, que le ravitaillement soit impossible. Peut-on admettre ces suppositions? Ne serait-il pas d'ailleurs aisé, avec d'aussi faibles garnisons, d'avoir toujours des approvisionnemens au complet?

Dans le cas, au contraire, où 50,000 hommes seraient éparpillés dans la Régence, quelle serait notre position, en cas de guerre européenne? L'occupation du sol nous a faits ennemis des Arabes. Nous pesons sur eux; mais au jour de la guerre en Europe, ils se sentent allégés. Toute leur haine se réveille; leurs chefs les excitent. « Abd-el-Kader fit dire que la France allait être bientôt engagée dans une guerre continentale; cette nouvelle, accueillie par la crédulité facile des Arabes, détermina d'abord un grand nombre de tribus à se joindre à lui [1]. » C'est le Gouvernement qui s'exprime ainsi. On voit que les Arabes savent la portée d'une guerre en Europe. — Mais s'ils l'oubliaient, notre ennemi d'Europe le leur rappellerait, et leur fournirait en armes, munitions et argent, tout ce dont ils auraient besoin. — Cet ennemi aurait deux choses en vue: — la première, de nous empêcher de ramener nos troupes au secours de la France; c'est cette idée

[1] Tableau de situation, p. 24.

qui a empêché le gouvernement anglais de ratifier la capitulation d'El-Arich; — la deuxième, de mettre notre armée dans une position telle, que nous soyons obligés de lui envoyer des renforts de France, comme nous l'avons fait après la Macta, la Tafna, et pour les deux expéditions de Constantine. Mais alors nous étions en paix. L'état de guerre, outre qu'il empêcherait de dégarnir la France, ne nous permettrait peut-être pas de traverser les mers. Qu'on se rappelle que ce ne fut qu'à sa troisième sortie que l'amiral Gantheaume put faire voile pour l'Égypte, et porter un renfort à l'armée. En Égypte, nos soldats trouvaient au moins à vivre sur le pays; mais en Afrique, la guerre une fois allumée, tout nous manque. N'oublions pas qu'avec la paix européenne, nos troupes ont été à demi-ration dans nos ports, et que c'était de là qu'il fallait approvisionner Tlemecen, réduit aux racines. Nous faisions venir des boeufs d'Espagne, le blé d'Odessa, le bois de Corse et d'Italie, le charbon d'Angleterre, le vin des ports de la Méditerranée. Si vous occupez le pays, il ne suffit pas de faire arriver vos approvisionnemens sur le littoral; il faut les transporter dans l'intérieur, et, pour cela, aller chercher des mulets dans le Poitou; et pour les nourrir, du foin et de la paille dans les ports de l'Océan.

C'est cependant ainsi que l'on compromet les *Intérêts de la France.*

intérêts de la France; on compromet plus que ses intérêts, on compromet son honneur. Que l'étranger ne puisse plus dire, dans ses gazettes, qu'elle se fait forte avec les faibles. Qu'elle soit grande et généreuse avec une nation qu'elle a affranchie d'un joug étranger; qu'elle complète son œuvre; en un mot, qu'elle seconde la nationalité arabe.

Véritable popularité.

Nous savons que notre opinion n'est pas populaire; mais nous repoussons une popularité fondée sur le malheur du peuple. Nous aimons le peuple pour lui-même, et non pour nous; et nous le défendrons envers et contre tous, contre lui-même, quand on l'abusera en exploitant les passions les plus généreuses. Plus tard, il saura discerner ses véritables amis de ses flatteurs hypocrites.

FIN.

TABLE ANALYTIQUE.

CHAPITRE PREMIER.

EXPOSITION.

CHAPITRE II.

SYSTÈME TURC.

CHAPITRE III.

SYSTÈME FRANÇAIS OU COLONIAL.

CHAPITRE IV.

RÉSULTATS DU SYSTÈME FRANÇAIS OU COLONIAL.

CHAPITRE V.

SYSTÈME ARABE.

FIN DE LA TABLE.

www.ingramcontent.com/pod-product-compliance
Lightning Source LLC
Chambersburg PA
CBHW070400090426
42733CB00009B/1479

9782012676015